ずっと伝えたかった

藤井 恵

選りすぐり道具とレシピ

主婦の友社

この道具たちが、
私のレシピを
支える、
最高の相棒です。

料理の腕が上がる。
料理にワクワクする。
〝道具のおかげ〟
ってあるんです。

私の長年の趣味は〝道具〟です。

所有している調理道具は、数知れず。ただし、コレクターではありません。気になったものはとにかく使ってみる、というのが信条です。一見、同じものでも、形や材質、色などが少し違うと、どうしても試してみたくなります。その結果、キッチンには木べらやゴムべらが50本以上、トングもしゃもじも何十本とあって……。

料理研究家として活動し始め、仕事や子育てに忙しく駆け回っていたころからの、戦友たち。子育てを卒業し、夫とふたり暮らしになって見直したもの、心に余裕ができて使えるようになったもの……。25年以上、たくさん試しながら料理を作り続けて、この10年弱でようやく、道具のよしあしがわかるようになってきました。

いい道具は、料理のおいしさの決め手になる。料理の新たなヒントも授けてくれる——この本では、私の選りすぐりの道具たちと、それらから生まれた、お気に入りのレシピをご紹介します。道具の選び方や道具の特徴を生かした調理のコツなど、同じ道具が手元になくても、日々の料理のお役に立てるのではないかと思っています。

使い勝手のいい、大好きな相棒たちに囲まれて料理をするのは、なんとも幸せなこと。その楽しさをぜひ、みなさんにも体験していただけたらうれしいです。

藤井 恵

藤井流 道具とのつきあい方 5つの流儀

FUJII STYLE 1

どんな道具でも、使ってこそ生きるもの。

買った道具はどんどん使ってみて、使い心地や自分との相性を探ります。使ってみたからこそわかったことが、なんと多いことか。眺めているだけ、しまい込むだけではもったいない！

FUJII STYLE 2

機能的で、使い勝手のいい働きものを長く使う。

日々使うものだから、実用性を重視。お気に入りができたら、手入れをしながら、長く愛用します。使えなくなったら、同じものを買いかえて使うことも多いです。

FUJII STYLE 3

ひとつでさまざまな用途に使えるものをなるべく選ぶ。

幅の広い調理ができる鍋や、主な機能以外に使いみちがある小物など、1台でさまざまな役割をこなせる道具は、素晴らしい！　この本の中でも、そういった道具がしばしば登場します。

FUJII STYLE 4

使い心地のいい道具を味方につけると、料理が楽しくなる。

切る、すりおろすなど、なにげない作業も道具しだいで気持ちよく、軽やかに。いつもどおりに料理をしても、なんだかワクワクして、気分が上がります。そして、料理のおいしさにもつながるのです。

FUJII STYLE 5

憧れの名品は大事に使って、次の代へと託したい。

伝統的な技で、職人がていねいに作った、素材も美しいもの。何度も店に通って手にとっては、ずっと憧れ続けたもの。そんな一生ものの道具を娘たちに受け継いでほしいと思いながら大事に使っています。

CONTENTS

CHAPTER #1

焼く
炒める
蒸す
炊く
煮込む
揚げる

いつもの道具とレシピ①

CHAPTER #2
切る あえる まぜる
いつもの道具とレシピ②

CHAPTER #3

下ごしらえから仕上げまで

調理に必要な頼れる道具

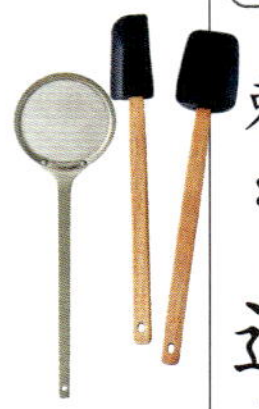

この本の道具とレシピについて

・道具はすべて藤井恵さんの私物で、藤井さんの使い方を紹介しています。販売終了品も含まれています。
・道具についての情報は、2024年7月時点のものです。道具のサイズや重さはともに、すべて編集部調べです。
・小さじ1は5㎖、大さじ1は15㎖、1カップは200㎖、米1合は180㎖です。
・砂糖は、この本ではきび砂糖を使用していますが、好みのものを使ってかまいません。
・酒は清酒を使っています。料理酒を使う場合は、塩分が多いので注意してください。
・オーブンの温度や焼き時間は、機種などにより異なるので、様子を見ながら調整してください。電気オーブンを使う場合は、レシピの温度に10度プラスしてください。
・野菜を洗う、皮をむく、へたや種をとる、きのこの石づきをとるなどの手順は省いています。
・塩少々は人さし指と親指でつまんだくらいの量で約0.5gです。

CHAPTER #1

焼く
炒める
蒸す
炊く
煮込む
揚げる

いつもの道具とレシピ①

異なる道具で作る、
2種類の餃子

定番の餃子と棒餃子

フライパンとコツしだいで、皮が破れずにするりとはずれ、憧れのパリパリ羽根が完成！

フライパンはやはり、焼き加減が命。皮がくっついて破れると残念なので、私はフッ素樹脂加工のものを使います。少ない油で焼けるのもメリット。香ばしい焼き色がつき、フライパンからきれいにはずすために大切なのは、焼き上がりまでさわらないこと。いいフライパンなら、フッ素樹脂加工のものでも、焼いている間は食材が底面に張りついてずれません。仕上げのごま油をたらし、羽根が茶色くカリカリになったら、焼き上がりの合図。ここで初めて餃子の底面をほんの少しはがし、フライパンごと揺すってみてください。驚くほどするりとはずれますよ。㊚恵

左上・右／餃子を並べ入れて焼き、ガラス製のふたをすれば、餃子や蒸気の様子が見え、ふたをあけずにすむ。
左下／羽根に濃い茶色の焼き目がついてきたら、いよいよ焼き上がりのサイン。

定番餃子はこの鍋で

KEY TOOL #1

フッ素樹脂加工のフライパンとガラスぶた

食材のこびりつきや焦げつきを防ぐ、フッ素樹脂でコーティング。少ない油での調理も可能。蒸し焼きなどで使うふたは、中の様子が見えるガラス製が便利。愛用は直径28cmのもの。

少ない油で焼くからあっさり

定番の餃子

材料（30個分）と作り方

餃子の皮（市販）— 小30枚
豚ひき肉 — 200g
キャベツ — 300g→みじん切り
塩 — 小さじ1

A
ねぎ — ⅓本
おろししょうが — 大さじ1
酒 — 大さじ1
しょうゆ、砂糖 — 各小さじ1
かたくり粉 — 大さじ1
太白ごま油、ごま油 — 各大さじ1

B
小麦粉 — 小さじ1
水 — 200mℓ
→まぜ合わせる。＊1回分。焼くたびに準備する

太白ごま油 — 小さじ½
ごま油 — 小さじ1

1 キャベツは塩をまぶし、しんなりとしたら水けをしぼる。

2 ボウルにひき肉を入れて**A**を順に加え、そのつどよくまぜる。**1**を加えてねりまぜ、30等分する。

3 餃子の皮の縁に水を塗り、中央に**2**をのせ、半分に折って縁の中央をとめ、左右にひだを寄せてとじる。残りも同様にする。

4 フライパンに太白ごま油を中火で熱し、**3**を間隔をあけて放射状に並べ入れる。

5 薄く焼き色がついたら**B**を回し入れ、ふたをして7～8分蒸し焼きにする。

6 ピチピチと音がしたらふたをとり、水分がとぶまで焼き、ごま油を回し入れ、強めの中火にしてこんがりと焼き色をつける。

7 火を止めてフライパンに皿をかぶせ、押さえながら返してのせる。残りも同様に焼く。好みで酢、こしょう各少々をまぜたたれなどにつけて食べる。

水どき小麦粉の分量は、
「餃子のウエストあたり」まで。

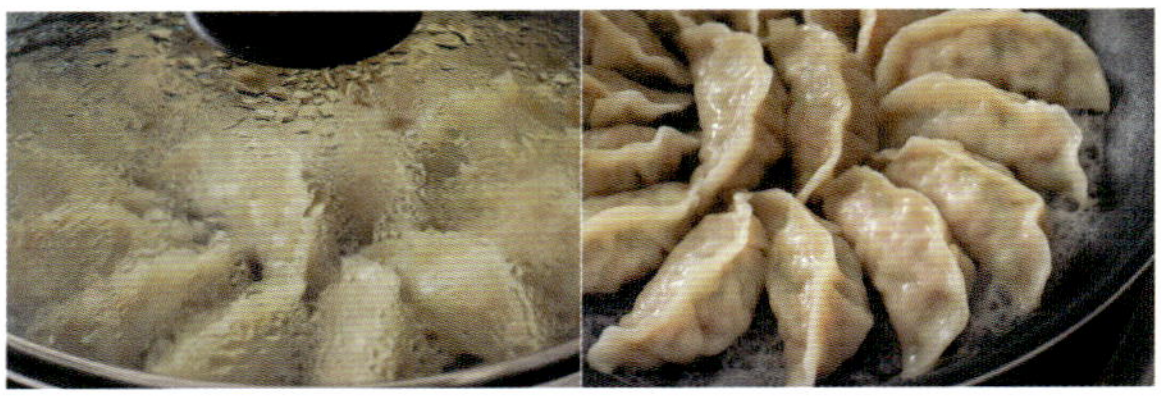

7～8分蒸し焼きにしてふたをとると、まだ水分が。
これ以上ふたをして焼くと、皮がふやける。

水分が完全にとぶまで焼いて、ごま油を。
餃子の間に入れるように、たらり。フライパンを傾けて油を回す。

餃子の底面を少しはがし、
フライパンを揺すると、
全体がするりと動く。

材料はほぼ同じなのに、浅めの鉄鍋で焼くと、違う味わいを楽しめます。

定番の餃子と同じ材料で、棒餃子を鉄鍋で作ります。鉄鍋は、フッ素樹脂加工のフライパンよりも食材の張りつきが強く、浅型なら火の通りも抜群です。棒餃子はカリカリ度が増し、皮の少しあいた部分から出た肉だねのうまみを皮が吸って、定番の餃子とは違う味わいを楽しめます。焼く前に、鉄鍋をじっくりと熱するのもコツ。鍋ごと食卓に出して、熱々をどうぞ。㊮

KEY TOOL #2

浅めの鉄鍋

厚手で蓄熱性が高く、浅型。焼く、いためる、煮る、オーブンの4つの調理が可能。「釜浅商店」の直径22cmを愛用。

棒餃子はこの鍋で

材料（30個分）と作り方
＊材料は「定番の餃子」とほぼ同じ。
分量が一部違う場合は、下記の作り方に記載。

1　「定番の餃子の作り方」1〜2と同様に肉だねを作る。皮の縁に水を塗り、中央に肉だねをのせ、皮の手前と奥を折ってとじる。残りも同様にする。

2　鉄鍋は中火でよく熱して、太白ごま油小さじ1を引いてさらに熱し、1を並べ入れる。

3　「定番の餃子の作り方」5〜6と同様に焼き上げ（Bは水200mℓのみに）、そのまま食卓に出す。食べ終わったら、残りも同様に焼く。

皮の中央に肉だねをのせ、手前からくるりと巻くようにすると、うまく包める。

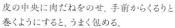

浅めの鉄鍋でもう1品

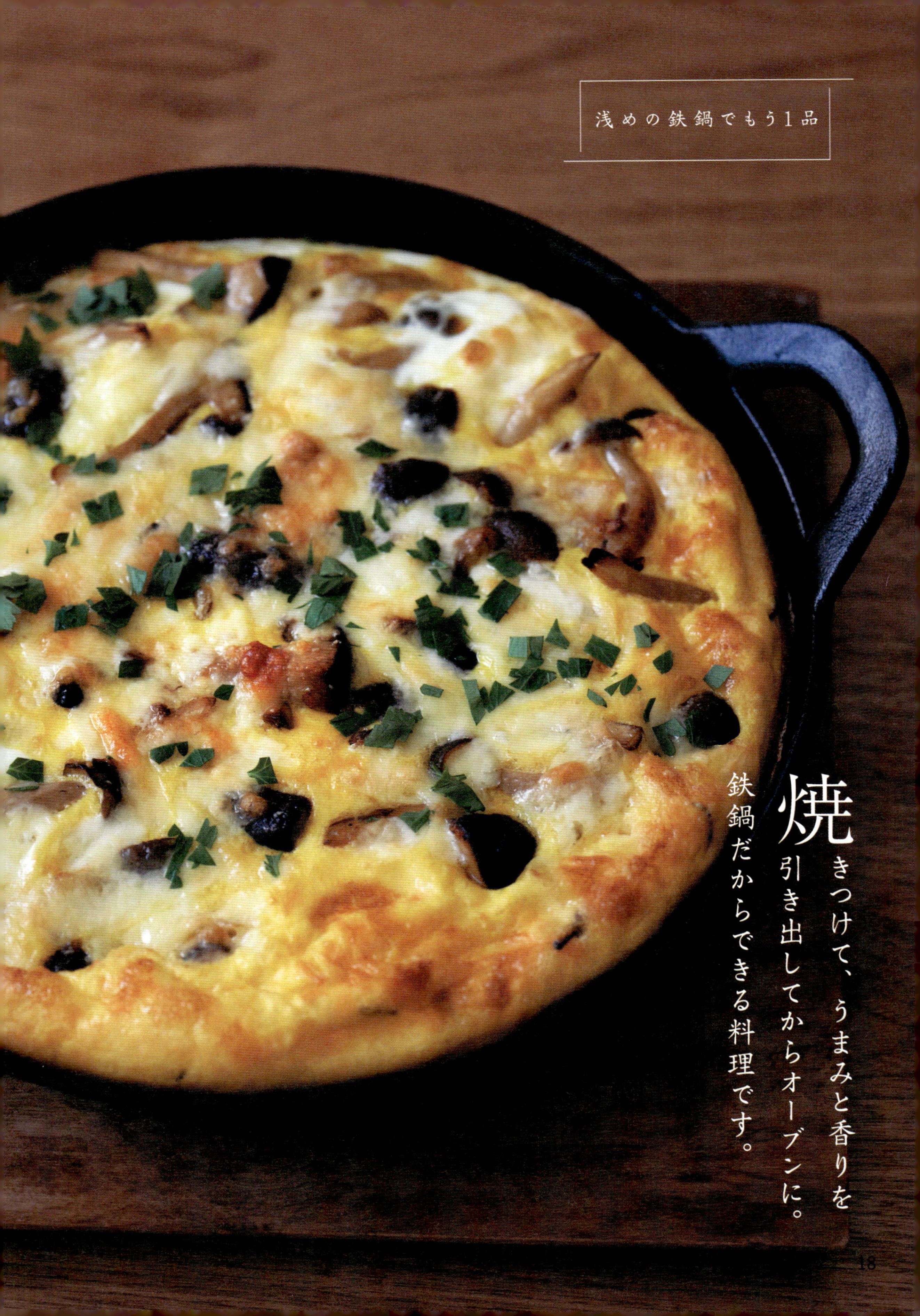

焼きつけて、うまみと香りを
引き出してからオーブンに。
鉄鍋だからできる料理です。

浅めの鉄鍋（→p.17）の特徴を生かした、もう一品をご紹介します。鉄鍋は、食材の水分をとばしながら焼きつける調理も得意。きのこはまさにうまみが凝縮し、香りも立って、おいしさが引き立つのでうってつけです。これだけでもおいしいのですが、そのあと、私の好きな卵料理に。食材を焼きつけた鍋ごとオーブン調理する展開も、鉄鍋だからこそ可能です。火の通りが早い浅型も、オムレツをおいしく焼ける秘訣なのです。㊟恵

うまみと香りを卵にとじ込めて

きのこのオープンオムレツ

材料（直径22cmの鉄鍋1台分）と作り方

しめじ — 2パック（200g）→小房に分ける
しいたけ — 4個→四つ割り
玉ねぎ — 1/2個→みじん切り
にんにく — 1かけ→みじん切り
塩 — 小さじ1/4
A とき卵 — 4個分
　牛乳 — 大さじ4
　塩、こしょう — 各少々
　→まぜる
ピザ用チーズ — 60g
オリーブ油 — 大さじ2
イタリアンパセリ — 少々→みじん切り

1　鉄鍋は中火でよく熱し、オリーブ油、きのこを入れて強火にして焼く。焼き色がついたら上下を返し、玉ねぎ、にんにくを加え、中火にしていためる。

2　玉ねぎがしんなりし、にんにくの香りが立ったら、塩を振って焼きつける。玉ねぎが色づいたら**A**を加え、チーズを散らす。

3　230度に予熱したオーブンに入れて10分ほど焼き、とり出してイタリアンパセリを散らす。

あまりいじらずに、ときどき返しながら、
じっくりと焼いて水分をとばすと、うまみが凝縮。

これで焼くだけで
マリネした肉や野菜が
格上のごちそうになります。

KEY TOOL #3

グリルパン

波型の焼き面で焼くと食材に網目がつき、肉の余分な脂が落ちて、ヘルシーでジューシーに仕上がる。「ル・クルーゼ」の25cm角を愛用。

極上の香ばしさとジューシーさ

マリネチキン&野菜のグリル

材料(2人分)と作り方

鶏もも肉 — 2枚(1枚250g)

A | 塩、あらびき黒こしょう — 各小さじ1

にんにく — 2かけ→たたいてつぶす

ローズマリー — 2枝

オリーブ油 — 大さじ2

ズッキーニ — ½〜1本

→縦半分に切り、長さを半分に切る

レモン — 1個→横半分に切る

1 鶏肉は筋に包丁を入れて厚みを平らにし、バットに入れて**A**をすり込む。にんにく、ローズマリー、オリーブ油をからめ、10分ほどおく。

2 グリルパンを弱めの中火で熱し、よくあたたまったら中火にして鶏肉を皮目を下にして並べ入れ、すき間ににんにく、ローズマリーを入れ、ベーコンプレス(→p.101)などをのせて7〜8分焼く。

3 焼き色がついたら鶏肉の上下を返し、ズッキーニ、レモンを加えていっしょに焼く。にんにく、ローズマリーは焦げそうになったら、肉や野菜の上にのせる。

「ウィリアムズ・ソノマ」で見かけて憧れ、料理研究家になる前に手に入れた、思い出深い道具のひとつです(→p.84)。25年以上たった今なお、現役。このグリルパンは、パリッとジューシーに焼けるだけではありません。ポイントは、深めの溝。オリーブ油でマリネした肉や野菜を焼くと、溝に落ちたオイルが跳ね返り、いい香りが立ち上って、おいしさが倍増します。溝が深いと、オイルの飛び散りにくさも違います。焼き面が角型だと、広く使えておすすめです。(恵)

焼き面の溝に油や脂が落ちるだけでなく、
その跳ね返りがおいしさを生み出す。

卵焼きだけではもったいない。
四角い形と機能性を
ほかの料理にも生かして。

焼くときには、コンロに焼き網をのせ、
その上に卵焼き器をのせると、全体に火が回りやすい。

KEY TOOL #4
卵焼き器

卵焼き作りなどに便利な、角型の調理器。愛用は「ウルシヤマ金属工業」のフッ素樹脂加工のもの。焼き面は15.5×11.5cm（内寸）。

著書『藤井弁当』では卵焼き器ひとつで作れるお弁当を提案しましたが、あの本で大活躍していたのが、この卵焼き器です。大好きな卵焼きをおいしく焼くために欠かせない道具ですが、フライパンよりも小さいので熱の伝わりもよく、小回りがきくので、枠にとらわれない使い方をおすすめします。さらにこの卵焼き器は、焼き面がほどよいサイズなのも使いやすさの理由。特有の四角い形を生かせるれんこんもちは、ぜひ作ってほしい一品。表面はカリッと香ばしく、中はもっちりと仕上がり、絶品です。(恵)

シャキッ、もちっと2つの食感

れんこんもち

材料（2人分）と作り方

れんこん — 1節（150g）→皮つきのまま
半量はすりおろし、残りはあらいみじん切り
白玉粉 — 100g
塩 — 小さじ$\frac{1}{4}$
きくらげ（乾燥）— 5g→ぬるま湯でもどして細切り
小えび（乾燥）— 10g
細ねぎ — 4本→1cm長さに切る
太白ごま油 — 大さじ1$\frac{1}{2}$

1　ボウルに白玉粉、塩、水$\frac{1}{3}$カップ（約70mℓ）、すりおろしたれんこんを入れてしっかりとすりまぜる。かたい場合は水を少しずつ加えてまぜ、どろりとした状態にする。

2　あらみじんのれんこん、きくらげ、小えび、細ねぎを加えてまぜる。

3　卵焼き器に太白ごま油大さじ1を熱し、**2**を入れて平らに広げ、バットなどを重ねてふたをし、弱めの中火で10分焼く。上下を返し、太白ごま油大さじ$\frac{1}{2}$を鍋肌から回し入れ、ふたをせずに10分焼く。

4　とり出して少し冷まし、食べやすく切り、好みで酢じょうゆにつけて食べる。

焼き時間の各「10分」は厳守。
へらなどで少しめくり、
底面に焼き色がついたら、
表面が固まっていなくてもうまく上下を返せる。

KEY TOOL **#5**

脚つき焼き網

ガスコンロで網焼き調理をするのに便利な、脚つき。コンロにじかのせして使う、細かい網目の「網受け」が付属するタイプを愛用。

もうひとつの〝網〟の働きで じっくりと焼けるから、外はカリッ、中はふんわり。

この脚つき焼き網のよさは、もうひとつ、目の細かい網がついているところ。ガスコンロに直接のせると、材料をのせた脚つき網にじか火が当たらないので焦げにくく、やわらかな火が全体に回ります。野菜やパンは、外は香ばしく、中はふんわり。アルミホイルでじっくりと蒸し焼きにするきのこの酒蒸しは、うまみが凝縮した蒸し汁ごとごはんにまぜると、この上ないおいしさです。（恵）

うまみと香りに酔いしれる
きのこの酒蒸しのまぜごはん

同時に焼いて仕上げる
カンパーニュ 焼きアスパラのせ

材料（2～3人分）と作り方

米 — 360mℓ（2合）
昆布（5×5cm角）— 1枚
しめじ — 2パック（200g）→小房に分ける
酒 — 小さじ1
A | みりん — 大さじ½
　| しょうゆ — 小さじ1
　| 塩 — 小さじ⅔
ゆずのしぼり汁 — 大さじ1
ゆずの皮 — 少々→細かく削る（→p.95）

1　米はていねいに洗って炊飯器の内釜や土鍋に入れ、水400mℓ、昆布を加えて30分ほど浸水させ、普通に炊く。

2　二重にしたアルミホイルにしめじをのせて酒を振り、包む。よく熱した焼き網にのせ、中火で7～8分蒸し焼きにする。

3　小鍋に**A**を入れて煮立て、火を止めてゆずのしぼり汁、**2**を加えてまぜる。

4　炊き上がったごはんに**3**を汁ごと加え、ふたをして1分ほど蒸らし、まぜる。

5　器に盛り、ゆずの皮を散らす。

材料（2人分）と作り方

カンパーニュ — 2切れ
グリーンアスパラガス — 6本
　→根元から5cmほど皮をむき、長さを半分に切る
A | オリーブ油、水 — 各小さじ⅓→まぜ合わせる
バター — 適量
塩、あらびき黒こしょう — 各少々

1　アスパラは表面に**A**を塗る。

2　焼き網をよく熱し、中火にしてカンパーニュ、**1**をのせ、途中で上下を返しながらこんがりと焼き色がつくまで焼く。

3　器にカンパーニュを盛ってバターを薄く塗り、アスパラ、バターをのせ、塩、あらびき黒こしょうを振る。

油と水をまぜたもので
アスパラの表面をコーティングすると、
焼き縮みを防ぎ、ジューシーに。
シリコーンはけ（→p.58）

食材の下にすっと入り込む
適度な薄さとしなり具合で、
ふるふる生地の返しも余裕。

普段、パンケーキ生地はどんな状態になるとひっくり返していますか？　正解は、ふつふつといくつかの気泡が出てきたら。火が通りすぎない分、しっとりふんわりと仕上がります。このとき、底面以外の生地はまだやわらかい状態。普通のターナーで返したら、きっと生地がよれてしまうでしょう。へらが薄く、やわらかでフレキシブルに動くこのターナーなら、食材の下にするりと入ります。へらの面がコンパクトなので、安定感のある返しもできるのです。㊟

甘さひかえめで食事系にも
パンケーキ

しっとりとした食感のもとになる
バターミルクがわりに、牛乳とレモンを。
異なる気泡が発生する
ベーキングパウダーと
ベーキングソーダをいっしょに加えて。

材料（直径10cm×16枚分）と作り方

A | 薄力粉 — 150g
ベーキングパウダー、
ベーキングソーダ（重曹）— 各小さじ1
→合わせて振るう

牛乳 — 200mℓ
レモン汁 — 大さじ1
卵 — 1個
砂糖 — 大さじ1
塩 — 少々
オリーブ油 — 大さじ1
バター、メープルシロップ — 各適量

1　小さめのボウルに牛乳、レモン汁を入れ、20分ほどおいてからそっとまぜる。

2　別のボウルに卵を割り入れ、砂糖、塩を加えて泡立て器でまぜ、**1**を加えてまぜる。

3　**A**を加えて泡立て器でまぜ、なめらかになったらオリーブ油を加えてまぜ、冷蔵室に10分おく。

4　フライパンを中火で熱し、ぬれぶきんの上にのせて冷まし、再び中火にかける。オリーブ油（分量外）を薄く塗り、**3**を直径10cm大の丸形に広げ、いくつかふつふつと気泡が出てきたら上下を返し、火を通す。残りも同様に焼き、保温する。

5　器に好みの枚数を盛り、バターをのせてメープルシロップをかけ、好みでフルーツを添える。

生地を10cm大に広げるときに活用しているのが、
スターバックスのコーヒーメジャー。
1杯でちょうどいい分量をすくえるものがあればラク。

焼き上がった生地が乾かず、
すぐに冷めないように
ふきんに包んで保温するとよい。

KEY TOOL #6

ターナー

フライ返しともいい、食材の上下を返したり、とり出したりするときに使用。適度にコシのあるものが使いやすい。愛用はステンレス製。

ふたをあけると、歓声！
1人分ずつこれで仕上げて、
器のように食卓にサーブ。

KEY TOOL #7
小さな鋳物ほうろう鍋

鋳物ほうろう鍋のつくりそのままのミニサイズ。愛用は「ストウブ」の「ピコ・ココット ラウンド」（直径10cm）。オーブン調理が可能。

かわいいのに、調理の腕前は本格的。1人分ずつ加熱して食卓に出し、ふたをあけると「わ〜っ!」と大歓声。おもてなしだけでなく、普段の食卓も盛り上げてくれます。前日に余ったカスレやシチュー、ラタトゥイユなどをこれで熱々にすると、味も格別。最近発見したのは、わずか大さじ3の米をふっくらと炊けること。ターメリックライスを炊いて1人ずつ添えれば、カレーがお店気分で楽しめますよ。(恵)

食卓に添えるだけで華やぐ

ターメリックライス

材料(直径10cmの小鍋1台分)と作り方

米 — 大さじ3
　→たっぷりの水に30分ほど浸水させる
ターメリック、塩 — 各少々
熱湯 — 大さじ3½

1　茶こしやざるに米を入れ、水けをしっかりときる。

2　小鍋に**1**を入れ、ターメリック、塩、熱湯を加えてまぜ、ふたをする。

3　200度に予熱したオーブンに入れ、180度に下げて10分ほど加熱し、とり出してそのまま10分ほど蒸らす。

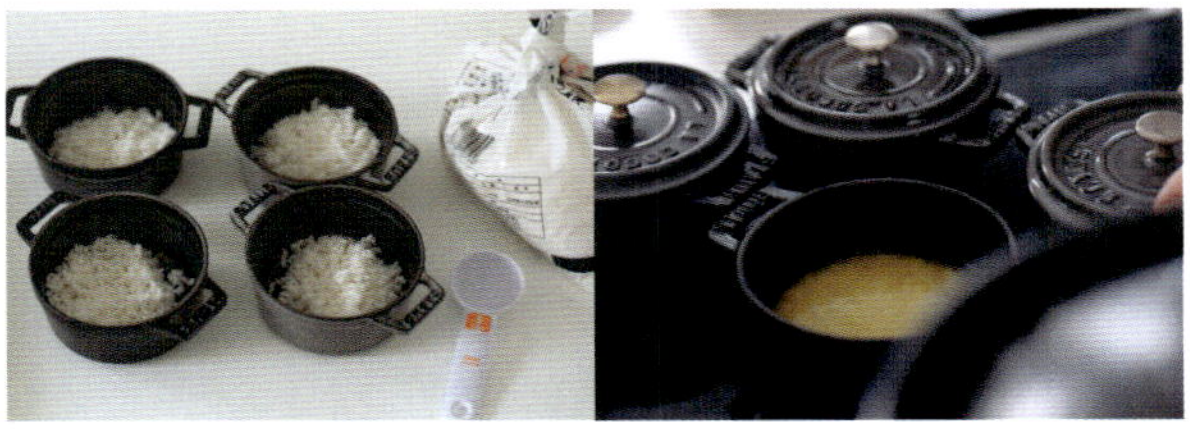

大さじ3の米で1人分を手軽に。
水から炊くと生炊きになるので、熱湯で炊くのがコツ。

ふたを裏にすればスタッキングもでき、
収納しやすいのもいいところ。

バターチキンカレー

材料(2人分)と作り方

鶏むね肉 — 200g→皮をとって薄切り
A
トマトピュレ — 150g
おろしにんにく、おろししょうが
　— 各小さじ1
プレーンヨーグルト
　— 約100g(½カップ)
カレー粉 — 大さじ1½
白ワイン — 大さじ1
あらびき黒こしょう — 小さじ⅓
塩 — 小さじ⅔
玉ねぎ — ½個→薄切り
バター — 20g
香菜 — 適量

1　バットなどに**A**を入れてまぜ、鶏肉を1時間以上つける。

2　鍋にバターをとかし、玉ねぎを入れていため、薄く色づいたら**1**をつけ汁ごと加え、強火にかける。煮立ったら弱火にし、15分ほど煮る。器に盛り、香菜を添える。

半熟状にしてから焼くと、
極上のふんわり感に。
この鍋だからこその技です。

同じ鍋で作る、
おいしい2品

中華卵 と ポテトアンナ

KEY TOOL #8

浅めの鋳物ほうろう鍋

「ル・クルーゼ」の浅型鍋。鋳物ほうろう製で、オーブン調理も可能。食卓に出しても、とり分けやすい。直径18cmのものを愛用。

浅型の形を生かして
耐熱皿のように使えば、
史上最高のグラタンが完成。

故・滝口操先生に何十年も前に教えていただいて以来、作り続けている中華卵。ずっと流しかんで焼いていましたが、「ル・クルーゼ」の浅型鍋に出合って、ラクに、よりおいしく作れるようになりました。コツは、オーブンで焼く前に卵を半熟状にすること。オーブンの熱が早く通り、水分が抜けすぎずにふんわり、しっとり仕上がります。さまざまな熱源で使えるから、ひと鍋で完結。そのまま食卓に出して、熱々を召し上がれ！　㊟恵

具だくさんのごちそう卵焼き

中華卵

材料（3～4人分）と作り方

豚ひき肉 ― 100g→酒をまぶす
酒 ― 大さじ1
干ししいたけ ― 4個
→水でもどして薄切り（もどし汁はとっておく）
にんじん― 1/3本→スライサーで細切り（→p.64）
絹さや― 15枚→細切り
A しょうゆ ― 大さじ1
砂糖 ― 小さじ2
塩 ― 小さじ1/2
とき卵 ― 6個分
ごま油 ― 大さじ1

卵は、固まらない程度の半熟にする。
焼く前に表面をならすとよい。

1　鍋にごま油を熱し、にんじん、干ししいたけ、ひき肉を順に入れていため、肉の色が変わってポロポロになってきたら**A**を加える。

2　干ししいたけのもどし汁100mℓ（足りない場合は水を足す）を加え、2～3分煮る。

3　絹さや、とき卵を加えて大きくまぜ、半熟状になったら230度に予熱したオーブンに入れ、表面にこんがりと焼き色がつくまでふたをせずに15分ほど焼く。オーブンからとり出し、竹串を刺して卵液が出なければでき上がり。

娘たちが小学生のころから大好きな、ポテトアンナ。試行錯誤を重ねて、最近、私史上最高のレシピにたどり着きました。じゃがいもや玉ねぎを鍋に入れて生クリームをかけ、オーブンで焼くだけ。手軽なのに、いもがホクホクに仕上がり、断然おいしく、洗い物も最小限。すべて成り立つのは、浅型の鋳物ほうろう鍋のおかげ。厚手なので、全体を包み込むようないい働きをしてくれます。肉料理のつけ合わせにもおすすめです。㊚恵

ホクホクのじゃがいもが主役

ポテトアンナ

材料（3〜4人分）と作り方

じゃがいも — 大3個（450g）→薄切り
玉ねぎ — 1/2個→薄切り
A | 塩 — 小さじ1/2
　　| こしょう — 少々
生クリーム — 200mℓ
ピザ用チーズ — 40g

1　鍋にじゃがいも、玉ねぎを順に数回重ね入れ、**A**を全体にまぶし、生クリームを回し入れる。

2　180度に予熱したオーブンに入れ、じゃがいもに火が通るまでふたをして30〜40分焼く。

3　一度とり出してチーズを散らし、ふたはせずに、200度に上げたオーブンでこんがりと焼き目がつくまでさらに15〜20分焼く。

じゃがいも、玉ねぎは鍋に直接入れて。
じゃがいものでんぷんで適度なとろみがつくので、
水にさらさないこと。

最初の加熱で、じゃがいもに完全に火を通して。
竹串を刺して、すっと通らなければ数分再加熱を。
チーズは焦げるので、そのあとに散らす。

ごはんを軽く押して
広げながらいためる、
パラリと仕上げる最強の道具。

KEY TOOL #9

チャーハンべら

持ち手に角度がつき、面が横広の形状の木べら。フライパンの丸みに沿い、食材を押しやすい。愛用はサラダサーバーの片方。

極上のパラパラ感を味わえる

チャーハン

材料（2人分）と作り方

卵 — 2個→**A**を加えてまぜる

A｜塩、こしょう — 各少々

ハム — 60g→みじん切り

ねぎ — ½本→みじん切り

グリーンピース（冷凍）— 大さじ3
　→熱湯をかけて解凍

あたたかいごはん — 300g

B｜しょうゆ — 小さじ2
　｜酒 — 大さじ1

太白ごま油 — 大さじ3

1　フライパンに太白ごま油大さじ2を強めの中火で熱し、卵液を流し入れて大きくさっとまぜ、半熟状になったらとり出す。

2　**1**のフライパンに太白ごま油大さじ1を中火で熱し、ねぎを入れていため、香りが立ったらごはん、ハムを加える。**1**を戻し入れ、パラリとするまでいため合わせる。

3　**B**、グリーンピースを加え、火を少し強めていため合わせる。

中華のシェフは、中華鍋にごはんをお玉で軽く押しつけながら、ほぐしていためます。ごはんがパラリと仕上がるあの動作をフッ素樹脂加工のフライパンでするなら何を使うべきか。普通のへらではどうしても、ごはんを切って押しつぶしてしまう……。あれこれ試して20年ほど前にたどり着いたのが、この木べら。実はサラダサーバーの片方なのですが、持ち手の角度や横広の面のカーブが絶妙。テレビの料理番組で映ると、多くの反響をいただく道具ですが、残念ながら販売はなし。しゃもじで代用してもいいのですが、この形でどこかで作ってもらえないかと強く願っています。㊟恵

卵は半熟状だと、ごはんへのなじみがよく、
一粒一粒をコーティングするような効果が。

ごはんをへらの面で軽く押しながら
広げるようにしてほぐし、
パラリとするまでじっくりといためるのがコツ。

フライパンは深型だとごはんが押しやすく、返しやすい。
愛用は無水鍋（→p.54）。

長女の韓国への留学、現地での就職、結婚をきっかけに韓国料理を作る機会も増えました。私の道具好きを知っているので、娘も店を調べては連れていってくれます。この鍋も韓国で購入。浅めの鉄鍋(→p.17)と同様に深さが少しあり、直径が大きめであることを生かし、プルコギを。鍋に材料を直接入れて調味料をもみ込めばよく、そのままいため煮にしたら、鉄鍋ごと食卓に出します。ひと鍋で調理から食事まで完結できるのが、うれしい手軽さです。㊟恵

味つけも調理もひと鍋で。熱々をそのまま食卓へ。手軽に味わえるのが、幸せ。

KEY TOOL #10

韓国の鉄鍋

韓国の食文化には欠かせない鉄鍋。焼き物はもちろん、浅型ながら深さが少しあるので、いため煮なども得意。愛用は直径26cm。

上品な甘辛味でごはんが進む
プルコギ

材料（2人分）と作り方

牛切り落とし肉 ― 300g

A | 自家製韓国だれ（→p.38）― 大さじ3
　すり白ごま、ごま油 ― 各大さじ1

玉ねぎ ― $\frac{1}{2}$個→薄切り

韓国春雨（または緑豆春雨・乾燥）― 50g
　→水で20分ほどもどす

1　鍋に**A**、牛肉を入れ、もみ込みながらまぜる。

2　玉ねぎ、水50mℓを加え、強火にかけていりつけ、肉の色が変わったら春雨をのせて中火にして煮る。春雨がしんなりしてきたら、ざっくりとまぜる。好みでサンチュで巻いて食べる。

鉄鍋の中で直接、牛肉に調味料をもみ込むので、ボウルやバットなどを洗う手間が省ける。

・唐揚げの漬けだれに。
・酢を少し加えて、チョレギサラダのドレッシングに。

知りたい！藤井家の常備だれ

「自家製韓国だれ」の活用例

使いみちはいろいろ。欠かすことがありません。

プルコギ（→p.37）の調味にも使えて、韓国風の甘辛味をすぐに味わえるのが、このたれ。ミキサーにかけて材料をまぜるだけでいいので、わが家では常備しています。油を使っていないので、2カ月ほどと長く保存できるのも便利。肉や魚100gに大さじ1ほどを使用すると覚えておくと、役立ちます。（恵）

韓国風の甘辛味を手軽に

自家製韓国だれ

材料（作りやすい分量）と作り方

しょうゆ — 1カップ（200mℓ）
砂糖 — 1/2カップ（100mℓ）
みりん、酒 — 各大さじ3
コチュジャン、酢 — 各大さじ1/2
にんにく — 5かけ
しょうが — 1かけ
りんご、玉ねぎ — 各1/4個→ざく切り
こしょう — 小さじ1/2

すべての材料をミキサーでしっかりかくはんする。清潔な保存容器に注ぎ入れ、冷蔵で2カ月ほどを目安に保存する。

保存はこれらの瓶で

自家製の調味料の保存容器には、
「セラーメイト」の「これは便利調味料びん500」（右）と
「ワンプッシュ便利びん500」（左）を使用。
口径が広く、ゴムパッキンも着脱できるので、
すみずみまで洗えて衛生的。
ガラス瓶なので、におい移りもなし。

じか火にかけて、ガンガン使える。料理上手の陶芸家が作る、腕前が上がる、おおらかな器。

KEY TOOL #11

耐熱の器

じか火にかけられ、オーブン調理にも使える、耐熱仕様の器。長野の陶芸家・島るり子さんの作品。

もうひとつの拠点がある長野でも、多くの道具との出合いがあります。陶芸家・島るり子さんの作品もそのひとつ。長野の酒蔵での展示で見かけて、工房に伺うと、作品はもちろん、彼女の人柄や器使いのアイディアにもひかれて大ファンに。器はどれも使いやすく、料理が映えますが、料理が得意な彼女だからこそ生み出せるのでしょう。この耐熱の器は「じか火にかけて、どんどん調理して」という島さんの言葉どおり、丈夫。鉄のようにさびることもありません。すすめられたパエリアを作ると、じんわりと熱が回り、米はふっくら、おこげはパリパリ。フッ素樹脂加工のフライパンでは到達できなかった、感激の味わいです。㊂恵

おこげがパリッ！　魚介のうまみが凝縮

パエリア

丈夫な焼物で、
器の中でいためながら
へらがガチャガチャと縁に当たっても
へっちゃら。

まいたけは水分が出るので、最初に焼きつけておくことが肝心。一度とり出し、あとで米にのせる。

くつくつと煮込んでいる米が水分を吸ってくると、おこげが。深さがあって汁を受け止めるので、すき焼きなどにも向く。

材料（2人分）と作り方

米 — 360mℓ（2合）→洗ってざるに上げる
あさり — 150g→砂抜きし、殻をこすり合わせて洗う
ベーコン（ブロック）— 80g→1cm角の棒状に切る
まいたけ — 1パック（100g）→小房に分ける
パプリカ（赤）— 1/2個→縦7～8mm幅に切る
グリーンピース — 正味80g
さやいんげん — 10本→長さを半分に切る
A | 玉ねぎ— 1/2個→みじん切り
　 | にんにく — 1かけ→みじん切り
トマトペースト — 大さじ1
B | サフラン— ひとつまみ
　 | 塩 — 小さじ1
　 | 熱湯 — 400mℓ
　 | →小鍋に入れて煮立てる
オリーブ油 — 大さじ3
レモン — 適量

1　鍋にオリーブ油を中火で熱し、ベーコン、まいたけを入れていため、薄く色づいてきたらとり出す。

2　**1**の鍋に**A**を入れて弱火にし、しんなりするまでいためる。

3　パプリカ、いんげんを加え、中火にしてさっといため、米を振り入れて全体に油がなじむまでいためる。

4　あさり、グリーンピース、トマトペーストを加えていため、煮立った**B**を加え、米がくっつかないようにへらでまぜながら中火で5分ほど煮る。

5　**1**のベーコン、まいたけを戻してのせ、アルミホイルをかぶせ、弱火にして15分ほど煮る。火を止めてそのまま10分ほど蒸らし、アルミホイルをはずしてレモンを添える。

異なる名作鍋で
2つのシチュー

ホワイトシチューとブラウンシチュー

味の核になる鶏のうまみを
じっくりと引き出すには、
煮込みが上手なよき相棒を。

KEY TOOL #12

鋳物ほうろう鍋

「ル・クルーゼ」を代表する定番の鍋「ココット・ロンド」。厚手で、熱伝導率と保温性にすぐれる。現在よく使うのは直径20cm。

一番の古株は、特別な道具。
得意の下ゆでや煮込みでは、
ほどよい軽さも調理の助けに。

KEY TOOL #13

ステンレス鍋

3層構造の厚底で、熱伝導率と蓄熱性が高い「クリステル」の中でも定番の「グラフィット深鍋」。シチューには直径22cmを使用。

異なる名作鍋で
2つのシチュー

ホワイトシチュー

料理研究家として歩み始める前、やっと手に入れた憧れの道具のひとつが「ル・クルーゼ」の「ココット・ロンド」。以来、煮込み料理をおいしく作るために、欠かせない相棒に。娘たちの成長とともにサイズも変化し、ふたり暮らしになった今では、直径20cmが主力。私のホワイトシチューは、具をいためずに、とにかく静かに煮て、鶏から出るうまみを最大限引き出します。ルーも市販品ではなく、ぜひ手作りしてみてください。なめらかでコクのある、体にすっと入るやさしいシチューを味わえますよ。(恵)

極上のなめらかさがしみ渡る
ホワイトシチュー

材料（4人分）と作り方

鶏むね肉 — 1枚（200g）
→皮をとり、小さめの一口大に切り、Aをすり込む

A | 塩 — 小さじ1/2
　| こしょう — 少々

玉ねぎ — 1/2個→3cm角に切る
にんじん— 1/2本→小さめの乱切り
じゃがいも — 1個→一口大に切り、さっと洗う
マッシュルーム— 6個
ブロッコリー — 1/4個→小房に分ける

B | 白ワイン — 50mℓ
　| ローリエ — 1枚
　| 水 — 400mℓ

バター — 30g
小麦粉 — 大さじ3
牛乳 — 200mℓ
塩、こしょう — 各少々

1 鍋に鶏肉、B、玉ねぎ、にんじんを入れて火にかける。煮立ったらアクをとり、ふたをして弱火にして20分ほど煮る。マッシュルーム、じゃがいもを加えて10分ほど煮る。

2 フライパンにバターを中火でとかし、小麦粉を振り入れて弱火にし、まぜながらいためる。サラサラとしてきたら火を止め、牛乳を一度に加えてよくまぜ、再び弱火にかけて、ふつふつとなめらかになるまでよくまぜながら煮る。

3 1からローリエをとり出し、ブロッコリー、2を加えてまぜながら弱火で5〜6分煮て、とろりとしたら塩、こしょうで味をととのえる。

静かに、じっくりと煮ることで、
鶏肉や野菜のうまみを引き出せる。
鶏むね肉も20分以上煮ると、やわらかに。

上／バターと小麦粉は最初ぶくぶくして粉けがあるが、
じっくりといためているうちに、サラサラに変化。
下／冷たい牛乳を加えて静かによくまぜると、
もったりとしてなめらかになり、極上の舌ざわりに。

「ル・クルーゼ」の「ココット・ロンド」。
色はシックな黒がお気に入り。

料理研究家になる前に、訳あって家族で私の実家に居候した時期に思いきって購入した「クリステル」の鍋（→p.84）。今でも特別な存在です。食材を長時間煮込むと火がじっくりと入り、うまみを引き出せる点では「ル・クルーゼ」も同様ですが、軽さではこちらに軍配が。たっぷりの湯をゆでこぼすなどの作業があるレシピで活躍します。ブラウンシチューは、時間をかけてコトコト煮る牛すじと香味野菜のうまみがたまりません。香味野菜はさらに、ミキサーでペースト状に。悩みに悩んで選んだミキサーですが、とにかくパワフル。なめらかさが違います。㊤

とろとろ牛すじと
野菜のうまみが絶品
ブラウンシチュー

材料（4人分）と作り方

牛すじ肉 ― 500g

A
- 玉ねぎ ― 1個→縦4等分に切る
- にんじん ― ⅓本
  →皮つきのまま2cm厚さの輪切り
- にんじんの皮（余りがあれば）― 適量
- セロリ ― ½本
  →2cm長さに切る（葉があればとりおく）
- 赤ワイン ― 300mℓ
- ローリエ ― 1枚
- 水 ― 2ℓ
- 粒黒こしょう ― 小½個

バター ― 40g
小麦粉 ― 大さじ3
トマトペースト ― 大さじ2
塩 ― 小さじ1
スナップえんどう ― 10本
→塩ゆでにし、縦半分に割る

1 牛肉はたっぷりの湯で5分ほどゆで、ざるに上げる。水にとり、大きめの一口大に切る。

2 鍋に**1**、**A**を入れ、あればセロリの葉、にんじんの皮を加えて火にかけ、煮立ったらアクをとり、弱火にして1時間30分ほど煮る。

3 **2**の牛肉をとり出す。ローリエ、セロリの葉をとり除き、香味野菜とゆで汁に分ける。

4 ミキサーに**3**の香味野菜、ゆで汁100mℓを入れ、なめらかになるまでかくはんする。

5 フライパンにバターを中火でとかし、小麦粉を振り入れる。茶色くなるまでじっくりといため、**3**のゆで汁800mℓ（足りない場合は水を足す）を少しずつ加えながら、なめらかになるまでまぜる。

6 鍋に**3**の牛肉を戻し入れ、**5**、**4**、トマトペースト、塩を加えてまぜ、弱火で20～30分煮る。

7 器に盛り、スナップえんどうをのせ、好みで生クリームをかける。

セロリの葉とにんじんの皮があれば、牛すじ肉と野菜といっしょに加えると、うまみと香りがアップ。セロリの葉は、ミキサーをかける前にとり除いて。

ブラウンソースは、焦がさないようにして20～30分いためると、濃厚な茶色に。ゆで汁を加えてさらに煮詰める。

なめらかなペースト状にした香味野菜を鍋に。うまみとともにとろみづけにも。

KEY TOOL #14
ミキサー

パワフルで、繊維のある野菜もなめらかに仕上がる「バイタミックス」。最高スピードなら粉だしも簡単。別売りの小さな容量の容器を使用。

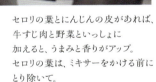

ブラウンシチュー

特別な日に
とっておきの道具で

究極の朝定食

家族とゆっくりと囲める
休日の朝食作りは、大好きな道具でていねいに。
つやつやの炊きたてごはんと
時間をかけてとっただしで作るみそ汁、
あとはおいしいぬか漬けがあれば、
それだけで大満足です。

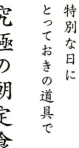

KEY TOOL #15
米とぎざる

竹などの天然素材のものは、米への当たりがやさしい。愛用は、長野・原村の店で購入した、山梨県産のすず竹のざる。

すず竹の米とぎざるだと、ステンレス製とは比べものにならないほど米への当たりがやわらか。いい具合に米に傷ができて水分が入るので、ごはんのおいしさが格段に変わります。網目も美しいこのざるで、手のひらでやさしく転がすように米をとぐ時間は、幸せなひとときです。(恵)

KEY TOOL #16
ごはん土鍋

深さや内ぶたのおかげで吹きこぼれにくく、ごはんをおいしく炊くことに特化。愛用は2合炊きの有田焼。

大分・湯布院の旅館「山荘無量塔《むらた》」では、炊きたてのごはんが5合炊きの土鍋で提供されます。あまりのおいしさに、当時は見慣れなかった深型の形にもひかれて購入。その後手に入れたのが、同じ有田焼の黒の2合炊き。内ぶたで圧がかかり、対流が起きて熱が均一に伝わります。火加減がいらず、ふたの穴から蒸気が上がったら火を止め、10分蒸らせば手間なく炊けます。(恵)

KEY TOOL #17
木製のぬか床容器

愛用は、九州の天然杉で作られたもの。杉の調湿機能で水抜きの手間が最小限に抑えられ、抗菌消臭効果も。

ぬか漬けの大敵は、野菜から出る水分。この容器は、余分な水分を調節して蒸発させる、天然杉の特性が生かされています。とはいえ、水けは少しは出るので、ふきんでぬぐえばよし。また、冷蔵室に入れやすい四角い形と大きさもいい。この容器と出合って、おいしいぬか漬けの習慣が続いています。(恵)

＊みそ汁作りには、雪平鍋（→p.50）を使用。

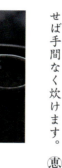

軽くて扱いやすい片手鍋に
落としぶたをかぶせれば、
少ない煮汁で味がしみしみ。

KEY TOOL **#18**

雪平鍋と落としぶた

IHでも使える、ステンレス製の雪平鍋（直径20㎝）を愛用。合わせて使う落としぶたは、さわら材で作られた直径18㎝のもの。

すしめしは、すし酢とともに炊いたもの
（→p.80）にじゃことごまをまぜて。

油揚げがふっくら、煮汁がジュワッ！

いなりずし

夫婦ふたり暮らしの新定番といえば、この雪平鍋。厚みがほどよく、軽くて片手で扱えるのが魅力です。これまで「クリステル」の小さな鍋で行っていた下ゆでや煮物、汁物は、今はこちらの出番となりました。いなりずしのお揚げを煮るときも雪平鍋で。適度な重みがある木製の落としぶたをして、食材を押さえながら、しっかりと煮汁の対流を起こさせ、少ない煮汁で油揚げにまんべんなく味をしみ渡らせます。(恵)

材料（6個分）と作り方

米 — 180mℓ（1合）
昆布（3×3cm角）— 1枚
A | 米酢 — 大さじ2
　| 砂糖 — 大さじ½
　| 塩 — 少々
ちりめんじゃこ — 20g
いり金ごま — 大さじ1
油揚げ — 3枚→横半分に切り、袋状にする
だし — 200mℓ
B | 砂糖、しょうゆ — 各大さじ1
ゆずの皮 — 少々→細かく削る（→p.95）

1　米は洗い、ざるに上げて水けをきり、炊飯器の内釜に入れる。水200mℓ、昆布を加えて1時間以上浸水させる。**A**を加えてまぜ、早炊きモードで炊く。炊き上がり後すぐに昆布をとり出し、じゃこ、いりごまを加えてまぜる。あら熱がとれたら6等分して、軽くまとめる。

2　鍋にたっぷりの湯を沸かして油揚げを入れ、上下を返してゆで、ざるに上げて水けをきる。

3　鍋に油揚げを戻し入れ、だしを加えて火にかけ、煮立ったら弱火にして5分ほど煮る。**B**を加えて落としぶたをし、汁けがなくなるまで煮る。ざるに上げて、自然に汁けをきる。

4　油揚げのあら熱がとれたら、**1**を詰めて口を折ってとじる。器にとじ目を下にして盛り、ゆずの皮を散らす。

下ゆでをしたり煮たあとの油揚げは、
耐熱皿を下に重ねた盆ざる（→p.91）の
カーブに沿わせておくと、水けをきりやすい。

油揚げの油抜きは、油揚げがふっくらとして
角が立つまで、菜箸（→p.102）で軽く押さえながらゆでる。

若いころは洋の道具に夢中でしたが、年月を経て、関心は和食や和の道具に。なかでも強い憧れがあったのが、この銅鍋です。前々から「有次《ありつぐ》」で見たり、料理研究家の有元葉子先生が使われているのを拝見したりして、思いを募らせていました。そして子育ても落ち着いた10年ほど前、ようやく手に入れたのです。鉄やアルミなどよりも熱伝導にすぐれた銅の、全体にじんわりと行き渡る熱を生かして、食材を香ばしくいりつけてから煮る調理を。けんちん汁や肉じゃがなど、格段においしくなります。仕事ではなく、自分や家族のための家庭料理に使いたい、心も豊かにしてくれる特別な道具です。(恵)

年を重ね、和の銅鍋のとりこに。仕事を離れて、自分のために料理を作るときに使います。

KEY TOOL #19

銅の段つき鍋

段があることで、吹きこぼれにくい。愛用は京都「有次」の内径24cmのもの。同じく「有次」の木ぶた（別売り）といっしょに使用。

豆腐は「いらずにふわふわ」が藤井流

けんちん汁

材料（4人分）と作り方

木綿豆腐 — 1丁（300g）
こんにゃく — 小1枚→一口大にちぎってゆでる
ごぼう — 1/3本→斜め薄切り
にんじん — 1/3本→5㎜厚さのいちょう切り
大根 — 5㎝→5㎜厚さのいちょう切り
里いも — 2個→皮をむいて1.5㎝厚さの輪切り
ねぎ — 1/3本→斜め5㎜厚さに切る
だし — 1ℓ
A｜しょうゆ、みりん — 各大さじ1
　｜塩 — 小さじ1
ごま油 — 大さじ2

1　豆腐はキッチンペーパーで包み、重しをして1時間ほどおき、しっかりと水きりする。

2　鍋にごま油を強火で熱し、ごぼう、にんじん、大根、里いも、こんにゃくを順に入れ、全体に油が回るまでしっかりといためる。

3　だしを加え、煮立ったらふたをし、弱火にして20〜30分煮る。

4　ちぎった豆腐を加え、Aで調味し、ねぎを加えてあたためる。

5　器に盛り、好みで七味とうがらしを振る。

具材全体に油が回り、
野菜が汗をかくくらいに、
時間をかけてじっくりいりつける。

余熱でふっくらと仕上げるのもコツ。
うまみが濃く、そのまま食べたり、サラダやあえ物などに。

KEY TOOL #20

無水鍋

食材に含まれる水分や油分を生かし、乾物の場合は最小限の水分で調理できる。愛用の「HAL万能無水鍋」はフライパン型。

使う水も油も必要最小限。本体と同素材の厚手ぶたで栄養も風味も逃さずに調理。

この無水鍋は、火が早く均一に通るだけではなく、本体と同じ素材の分厚いふたがポイント。ふたをすき間なくのせれば密封状態になり、水分を逃さず無水調理ができます。大豆は通常、たっぷりの湯でゆでますが、この鍋の場合、乾燥大豆150gに対してわずか100mℓの水分を加えるだけ。栄養もうまみも逃げません。また、すき間をつくってふたをしても、フライパンよりも蒸気が逃げにくく、上手に、少ない油で蒸し焼きにできます。なすもヘルシーに調理できますよ。(恵)

材料（2人分）と作り方

なす — 4個→一口大の乱切り
ピーマン — 2個→縦半分に切って乱切り

A
- みそ — 大さじ1½
- 砂糖 — 大さじ1
- 酒 — 大さじ2
- しょうゆ — 小さじ1
- →まぜ合わせる

太白ごま油 — 大さじ1

1 鍋になすを入れ、太白ごま油を加えてからめ、中火にかける。ふたをして、途中で何度かふたをとってまぜながら蒸し焼きにする。

2 なすに薄く焼き色がつき、やわらかくなったらピーマンを加えていため、色が鮮やかになったら**A**を加えていりつける。

大さじ1の少ない油でなすの調理が可能。
加熱前に全体によくからめておくと、
少量の油で蒸し焼きにしても、
いい焼き色がついてやわらかく仕上がる。

ごはんが進むみそいため

なすの鍋しぎ

豆の濃厚なうまみと甘みを堪能

蒸しゆで大豆

材料（作りやすい分量）と作り方

大豆（乾燥）— 150g
塩 — 小さじ⅓

1 大豆は洗い、水600mℓにひたし、冷蔵室で8時間ほどおいてもどす。

2 鍋に**1**のもどし汁100mℓ、水けをきった大豆、塩を入れて中火にかける。煮立ったらアクを除き、ふたをして密封状態にし（無水調理）、弱火にして30〜40分煮る。

3 火を止め、ふたをしたまま蒸らしながらあら熱をとる。清潔な保存容器に移し、冷蔵で3〜4日保存可能。

アクをとると（→p.99）、
豆がきれいに仕上がる。
栄養も含まれているので、
とりすぎに注意。

まぜて、いって、
煮る、をひと鍋で。
あっさりなのに深いコク。

愛用の無水鍋は2サイズあり、
「蒸しゆで大豆」(→p.55)には直径23cm、
ほかは26cmを使用。

この無水鍋は無水調理以外に、いためる、煮る、焼く、炊く、ゆでるなどひと鍋でさまざまな調理ができるのも魅力。深さがあって底面が広いので、いためてから煮る調理がおすすめです。よく作るのは、麻婆豆腐。フライパンでは、多めの油で食材のうまみを引き出してから作りますが、この鍋では、油は豆板醤の辛みを引き出すための最小限の量のみ。肉に調味料のうまみを足しながら作るので、よりおいしくでき上がります。(恵)

スルスル食べられる、やさしい味

麻婆豆腐

材料(2人分)と作り方

絹ごし豆腐 — 1丁(300g)→2cm角に切る
塩 — 少々
豚ひき肉 — 150g
A 酒 — 大さじ2
おろしにんにく — 大さじ½
おろししょうが — 大さじ1
豆板醤 — 大さじ½
B みそ — 大さじ1½
砂糖 — 小さじ1
みりん — 大さじ1
→まぜ合わせる
C かたくり粉 — 小さじ2
水 — 大さじ2
→まぜ合わせる
ごま油 — 大さじ½
細ねぎ — 2本→1cm長さに切る

1 鍋に湯を沸かし、塩を入れて煮立ったら豆腐を加え、2分ほどゆでてざるに上げる。

2 1の鍋にひき肉、Aを入れ、菜箸でまぜる。中火にかけていりつけ、肉がポロポロになり、白っぽくなったらごま油、豆板醤を加え、香りが立つまでいためる。

3 Bを加えていりつけ、水150mℓを加える。煮立ったらアクをとり、弱火で2〜3分煮る。

4 1の豆腐を戻し入れて、再び煮立ったらCをまぜて加え、全体をまぜながら煮立ててとろみをつけ、細ねぎを加える。

5 器に盛り、好みでラー油をかけ、粉ざんしょうを振る。

鍋中でひき肉と酒、にんにく、しょうがをまぜてから
火にかける。調味料を加え、
そのつどじっくりといりつけて煮詰める。

シリコーンはけなしでは、
春巻きの皮ののりは
早くしっかりと塗れません。

ひと巻きめは
空気が入らないようにきっちりと、
あとは少しゆるめに巻く。

材料（10本分）と作り方

春巻きの皮 — 10枚
豚薄切り肉 — 100g
→3cm長さの細切りにし、Aをもみ込む

A | しょうゆ、酒 — 各小さじ½
かたくり粉 — 小さじ1

ねぎ — ½本
→3cm長さに切り、細切り
ゆでたけのこ（小）— 1本
→3cm長さに切り、細切り
干ししいたけ — 2個
→水でもどして薄切り
もやし — 1袋

B | しょうゆ — 大さじ1½
酒 — 大さじ1
砂糖 — 大さじ½
水 — 大さじ4

C | かたくり粉 — 大さじ1
水 — 大さじ2→まぜ合わせる

D | 小麦粉 — 大さじ2
水 — 大さじ3→まぜ合わせる

太白ごま油 — 大さじ1
揚げ油 — 適量

1 フライパンに太白ごま油を中火で熱し、豚肉を入れていためる。ほぐれたら、ねぎ、たけのこ、干ししいたけ、もやしを順に加えていため合わせ、**B**を加えてひとまぜする。**C**をまぜて回し入れ、全体をまぜて煮立ったらバットなどにとり出し、広げて冷まして10等分する。

2 春巻きの皮は角が上下左右にくるようにおき、中央よりやや手前に**1**を横長にのせる。皮の4辺に**D**をまぜて塗り、皮の手前と両側を内側に折ってくるりと巻く。

3 フライパンに揚げ油を170度に熱し、**2**を巻き終わりを下にして入れ、途中で上下を返しながらカリッとするまで5〜6分揚げる。油をきって器に盛り、好みでねりがらしを添える。

KEY TOOL #21
シリコーンはけ

弾力のある樹脂製のはけ。毛が抜けることもなく、洗いやすくて漂白も可能でメンテナンスもラク。愛用の白いはけは幅3cm。

春巻きは、じっくり揚げている途中に皮がはがれてあんが出ないように、皮の縁をきっちりととめることが大切。水どき小麦粉を4辺にぐるりと塗る、滝口操先生の教えを私も受け継いでいます。スムーズに塗るのに欠かせないのが、シリコーン製のはけ。コシがあって、さっと塗れます。小ぶりのものがおすすめです。(恵)

皮がパリッ、あんがとろり
春巻き

コラム1

MY TOOL HISTORY

料理好き、道具好きのきっかけは〝母〟にあり

子どものころ、実家の台所には母がずっと立っていました。父と兄2人の家族分に加えて、父が営む工務店に通ってくる10人くらいの出稼ぎの職人さんたちのまかないも3食用意していたからです。料理が決して得意なほうではなく、当時は相当大変だったはず。私はその隣で、料理が次々と仕上がる様子を見るのが好きでした。そして、料理番組好きの食いしん坊へと育ったのです。

母は、こまごまとした台所道具をたくさん持っていました。〝大量に持っている〟ところに遺伝子を感じますが(笑)。たとえば、引き出しにはナイフとフォークがいっぱい。でも、一回も使ったところを見たことがありません。なぜって、母は和食しか作らないから。いつか使いたいと思ったけれど、あまりの忙しさにかなわなかったのでしょうね。

ほかにも不思議なものがある中、記憶に強く残っているのがフルーツ用のスプーン。ギザギザしたグレープフルーツ用、いちごをつぶすためのもの、先が割れたスイカ用……。何種類も何本もあり、正直、なんでこんなにと思いましたが、それぞれのフルーツで実際に試してみると、感激！　今まで使っていたスプーンよりも断然、食べやすいのです。

スイカ用だったら、先割れ部分が種をとるのに便利だなとか、柄が長いとスイカの果肉を食べるときにちょうどいいんだなとか。これが、道具はそれぞれに違いがあること、自分で使って比べてみるとおもしろいことを知った、まさに原体験です。

母から直接、料理や道具について何かを教わったことはありません。でも、料理好き、道具好きの私の根っこは、母との暮らしにつながっていた、と今振り返って思うのです。

CHAPTER #2

切る
あえる
まぜる

いつもの道具とレシピ②

包丁の切れ味がいいと、
なんと気持ちがいいことか。
料理が楽しくなります

KEY TOOL **#22**

菜切り包丁

四角い刃で、刃先がまっすぐで長く、幅の広い野菜も切りやすい。愛用のものは刃渡り17cm、全長29cmのステンレス製。

美しい細切りでシャキッと

香味野菜のサラダ

材料（2人分）と作り方

ねぎ — $\frac{1}{2}$本→4cm長さの細切り
みょうが — 3個→細切り
青じそ — 10枚→細切り
しょうが — 2かけ
→スライサーで薄切りにしてから細切り（→p.64）
貝割れ菜 — 1パック→長さを半分に切る
三つ葉 — 1袋→4cm長さに切る
A | 酢 — 大さじ1
　| すり白ごま — 大さじ2

1 野菜はたっぷりの水にさらしてさっとまぜ、すぐにざるに上げてサラダスピナー(→p.90)でしっかりと水けをきる。

2 ボウルに**1**を入れ、**A**を加えてあえる。

香味野菜が大好き。以前は牛刀で切っていましたが、ねぎがつながってしまうことが。そんな小さなストレスを解消できたのが、この菜切り包丁です。刃に適度な重みがあるので、ストンストンとまな板にまっすぐ軽やかに下ろせて、きれいに切れます。切れ味がいいと気持ちがいいし、料理が楽しくなりますね。㊅恵

野菜の繊維をつぶさずに切れるので、シャキッとした食感に。
香り高く、酢とすりごまだけの味つけで
満足できる。

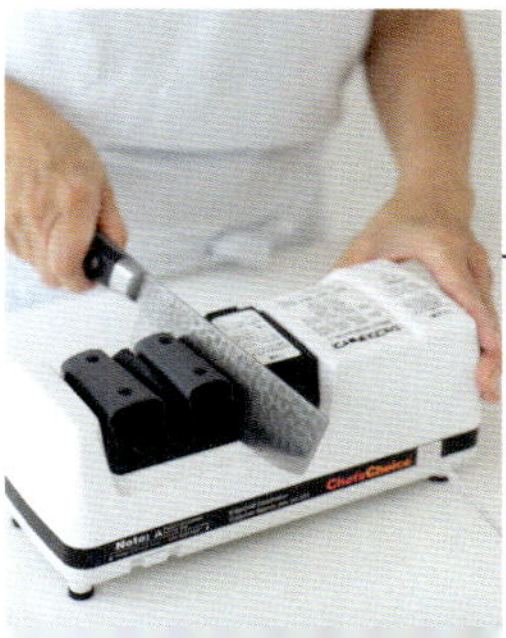

KEY TOOL #23
包丁研ぎ器

愛用の電動タイプは、荒研ぎ、中研ぎ、仕上げ研ぎと、3種類の研ぎ方を使い分けることが可能。両刃も片刃も簡単に研げる。

スライサーでごく細切りにしたキャベツなら、少量の塩でおいしいマリネを作れます。

材料（作りやすい分量）と作り方

紫キャベツ — 1/4個（350g）
塩 — 3.5g（キャベツの重量の1%）
ホワイトバルサミコ酢 — 大さじ3*

＊「ホワイトバルサミコ酢」は、食材の色を損ねずに、おだやかな甘みと酸味を加えられる調味料。白ワインビネガー大さじ3、はちみつ大さじ1で代用可。

1　紫キャベツはスライサーでごく薄く切り、塩をまぶす。

2　しんなりとしたら水けをしぼり、バルサミコ酢であえる。好みであらびき黒こしょうを振る。

繊維を断ち切るようにスライサーで切ると、ふわっとした食感に。

針しょうが（↓p.63）の作り方

「香味野菜のサラダ」でも用いる針しょうが。しょうがをスライサーでまず薄切りにし、菜切り包丁（→p.62）でごく細く切る。

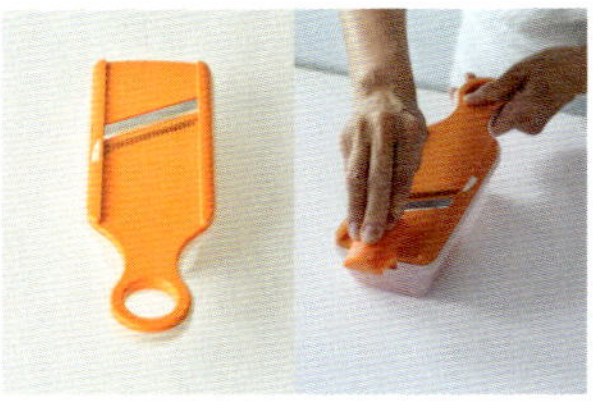

もうひとつ、「愛工業」の「千六本」も愛用。幅約3㎜、厚さ約2.3㎜のせん切りに仕上がる。「中華卵」のにんじんの細切り（→p.32）はこちらで。

TOOL COLUMN

KEY TOOL #24
スライサー

野菜を均一の厚みに、素早く薄切りにできる。「愛工業」の黄色の「薄切り」を愛用。厚さ1.5㎜の薄切りに仕上げられる。

野菜をごく薄く切るときは、包丁よりもスライサーを使うほうが均一に切れます。この黄色のスライサーは、切れ味が抜群。撮影用には、10年ほど前に購入した2代目を使っていますが、初代も25年たった今でも健在です。紫キャベツも、あっという間にごく細に。細くすることで、少ない塩の量でもしんなりとさせられるのでヘルシー。にんじんなどの細切りに使う、オレンジ色のスライサーもおすすめ。この2つがあれば、十分です。恵

鮮やかな色とまろやかな酸味

紫キャベツのマリネ

スルスルとおろした細切りにんじんは、繊維が壊れて味のしみが最高。

にんじんをこのグレーターですりおろして、大好きなキャロットラペを作ったところ、感動。食感のいい、適度な厚みのある細さに、軽い力で手早くおろせること。包丁で切るのとは違い、繊維をくずしながらおろすので、にんじんがすぐにしんなりとして、味のなじみもとてもいいこと。ほかのものではできなかったことが、できるのです。それ以来、キャロットラペはこれで。とあるお店のラペも好きで、そのシェフにコツを伺うと、グレーター選びが肝心だと。「やっぱり、そうよね！」と思ったのでした。㊢

KEY TOOL #25

グレーター

あらめの目で野菜をおろすと、均一な細切りに仕上げることができる。海外の「ウィリアムズ・ソノマ」で購入。愛用はステンレス製。

心地いい酸味の本格的な味わい

キャロットラペ

材料（作りやすい分量）と作り方

にんじん ― 2本→グレーターで細切り

A
- 玉ねぎのすりおろし ― 大さじ1
- 白ワインビネガー ― 大さじ1
- 粒マスタード ― 大さじ$\frac{1}{2}$
- はちみつ ― 小さじ1
- 塩 ― 小さじ$\frac{1}{3}$

オリーブ油 ― 大さじ1

ボウルに**A**を入れてまぜ合わせ、にんじんを加えてしっかりとまぜ、オリーブ油を加えてあえる。

グレーターでおろした直後の、にんじん。ふわっとしているのも特徴的。

細い先端を果肉にさし込み、ぐりぐりと押し回すとレモンをしっかりしぼれます。

持ち手のついた、木のレモンしぼり器は、昔「ウィリアムズ・ソノマ」で見つけたもの。半分に切ったレモンにさし込み、ぐりぐりと回しながら押すと、レモンをラクにしぼることができます。しぼりやすさの秘密は、細めのさし込み部分の形状。また、自分の手先の加減でしぼり具合を調節できるところもいいのです。一度なくしてしまい、今のものは2代目。しかし、前よりも先が微妙に太くなってしまい……。初代の使い勝手のよさが、今でもなお恋しいです。（恵）

さし込み部分がやや細めなので、
果肉にしっかりとさし込むことができる。

フィッシュフライ

材料（2人分）と作り方

魚（たらなど）の切り身 — 2切れ
塩、こしょう — 各少々
小麦粉、パン粉 — 各適量
とき卵 — $\frac{1}{2}$個分
クレソン — 30g
揚げ油 — 適量

1 魚は塩、こしょうを振り、小麦粉、とき卵、パン粉を順につける。

2 フライパンに油を深さ1cmほど入れて180度に熱し、**1**を並べ入れてこんがりと揚げ焼きにする。

3 器に盛り、クレソンを添え、「ハニーレモンマヨネーズソース」をかける。

KEY TOOL #26
レモンしぼり器

山型やはさみ込んでプレスするものなど、タイプはさまざまあり、素材も豊富。愛用のものは木製で、持ち手がついた形状。

フライやソテーによく合う

ハニーレモンマヨネーズソース

材料（2人分）と作り方

レモン汁 — 大さじ1/2
玉ねぎ — 1/10個→みじん切り
塩 — 少々

A
- マヨネーズ — 大さじ2
- はちみつ — 大さじ1/2
- 塩、こしょう — 各少々

1 玉ねぎは塩を振り、もみ洗いをして水けをしぼる。

2 小さめのボウルに**1**を入れ、レモン汁をかけて2〜3分おき、**A**を加えてまぜ合わせる。

KEY TOOL **#27**

ソースがけ用スプーン

普通の食事用スプーンより先が細いつくりで、ソースがたらりと細く伝って、食材にきれいにかけられる。

特別な日に
とっておきの道具で

すり鉢三昧定食

心にゆとりが出てきたここ何年かで、すり鉢とすりこ木の出番が増えてきました。無心ですると食材がどんどん変化し、極上の香りや食感を引き出せるのが楽しい。すり鉢だからおいしい3品を紹介します。

KEY TOOL **#28**

すり鉢とすりこ木

食材をすりつぶしたり、ペースト状にしたりするための道具。愛用のすり鉢は直径25×深さ10.5㎝、すりこ木は長さ27×太さ4㎝。

すり鉢は、島根・石見銀山の「群言堂」で見つけた石見焼。上に向かってしっかりと広がり、深すぎないこの形状は手を動かしやすく、父の故郷・宮城の味でもある、大好きなくるみあえはこれで。側面を使ってとろろもすりおろしやすいのです。縁が持ちやすいのも便利。嫁入り道具のすりこ木は、桐製で軽く、ちょうどいい長さと太さ。さんしょうの木など上質なものにも憧れますが、35年間ほど浮気せずに、これ1本です。(恵)

材料（2人分）と作り方

やまといも — 200g→根元から数cm残して皮をむく

A | だし — 300mℓ
  | しょうゆ — 大さじ1
  | みりん — 小さじ1

卵黄 — 1個

あたたかいもち麦入りごはん — 300g

1 小鍋に**A**を入れ、さっと煮立てて冷ます。

2 すり鉢の側面にやまといもをこすりつけながら、すりおろす。

3 **1**を少しずつ加え、そのつどすりこ木ですりまぜる。なめらかに、しっかりとまざったら卵黄を加えてさらによくすりまぜる。

4 茶わんにごはんを盛り、**3**をかける。

だしでのばすようにすりまぜるときは、すりこ木の出番。ていねいに行うと、空気をはらんでふわふわに。

だし香る、ふわふわの食感

とろろごはん

いりたてのくるみの風味を存分に

ほうれんそうと にんじんのくるみあえ

材料（2人分）と作り方

ほうれんそう — 200g

にんじん — 1/4本→細切り

しょうゆ — 小さじ1

くるみ（殻をむいたもの）— 40g

A | 砂糖 — 小さじ2
  | しょうゆ — 大さじ1/2
  | 水 — 大さじ1

1 フライパンにくるみを入れ、香りが立つまでいる。

2 にんじんはゆでてざるに上げる。ほうれんそうはゆでて水にとり、水けをきって4～5cm長さに切る。ボウルに合わせてしょうゆをからめ、汁けをしぼる。

3 すり鉢に**1**を入れてすりこ木ですりつぶし、なめらかになったら**A**を順に加え、よくすりまぜる。**2**を加えてあえる。

すったくるみに水を加え、さらにすりまぜると、くるみの油分が乳化して白っぽく変化する。

ふわっと、ねっとりがおいしい

いわしのつみれ汁

すり鉢でぜひ試してほしいのが、いわしのつみれ。フードプロセッサーでは結局切るだけなので、変なねばりが出てしまい、機械の熱で生ぐさくなってしまうことも。すりつぶすからこそ仕上がる、ふわふわでなめらか、ねっとりとした舌ざわりを楽しんでください。(恵)

材料（2人分）と作り方

いわし（三枚おろし）— 3尾分
　→皮を除いてぶつ切り

A
- おろししょうが — 小さじ1
- みそ、酒 — 各小さじ1
- 小麦粉 — 大さじ1

しめじ — 1/2パック（50g）→小房に分ける

わけぎ — 1本
　→長さを半分に切り、下半分は3cm長さに切り、上半分は斜め薄切り

B
- 昆布（5×5cm角）— 1枚
- 酒 — 大さじ1
- 水 — 400mℓ

しょうゆ — 小さじ1

1　鍋に**B**を入れ、30分ほどおく。

2　すり鉢にいわしを入れ、すりこ木でよくすりまぜる。**A**を順に加え、そのつどしっかりとすりまぜる。

3　**1**にしめじを加えて中火にかけ、煮立ったら**2**を一口大に丸めて入れる。煮立ったらアクをとり、わけぎの下半分を加え、弱めの中火で5分ほど煮る。

4　しょうゆで調味し、器に盛り、残りのわけぎをのせる。

いわしは最初、すりこ木の先でたたきつぶし、徐々にすりまぜる。

つみれ状にするときに使うのは、スプーンとシリコーン製のミニスパチュラ（→p.97）。

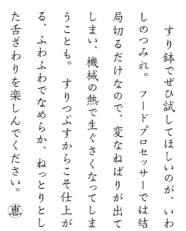

気持ちがいい、
鋭い切れ味。
ごく細かいおろし目で、
辛味大根がふわふわに。

異なるおろし器で
2つの食感

辛味大根そば と かぶの豆乳雪見鍋

鬼おろしであらめにおろせば、大根やかぶのみずみずしさ、食感を楽しむことができます。

大根のすりおろしが好きです。おろし器によっておろし具合が変わるので、複数を使い分けています。辛味大根をそばの薬味や魚のつけ合わせにしたいときには、銅のおろし器を。おろし目が鋭いので細かく、繊維を壊さずふわふわに。切れ味が抜群で、気持ちよくおろせます。

一方、水分を含んだ大根おろしも好きで、あらくおろせる鬼おろしも活躍。セラミック製の器状のものを使っていますが、以前、木の板状のものから切りかえたとき、なんて快適におろせるのかと驚いた覚えが。適度な重みと底面のすべり止めで、作業中にずれないのもいいんです。(恵)

KEY TOOL **#30**

鬼おろし器

通常のおろし器よりも食材をあらくすりおろすことができる。昔ながらのものは竹製が多い。愛用はセラミック製のもの。

ランダムな向きをしたおろし刃は、どの方向からも効率的におろせるように配置。食材が詰まらず、洗いやすい。

おろしたかぶの甘みと豆乳が好相性

かぶの豆乳雪見鍋

材料（2人分）と作り方

かぶ — 4個
絹ごし豆腐 — 大1丁（400g）
→縦半分に切り、横に4～5等分に切る

A | だし — 200mℓ
　塩 — 小さじ½
　しょうゆ — 小さじ1

豆乳（成分無調整）— 400mℓ

1　かぶは茎を残し、皮ごとおろし器ですりおろす。茎はさっとゆで、4cm長さに切る。

2　鍋にA、かぶのすりおろしを入れて強火にかけ、煮立ったら弱火にして5分ほど煮る。豆腐を加えて3～4分煮る。

3　豆乳を加え、煮立つ直前に火を止め、かぶの茎をのせる。

キリッとした辛みをきかせて

辛味大根そば

材料（2人分）と作り方

辛味大根 — ½本→すりおろす
削り節（花がつお）— ふたつまみ
ねぎ — ⅓本→薄い小口切りにし、水にさらしてしぼる

A | だし — 200mℓ
　しょうゆ — 大さじ2
　みりん — 大さじ1

そば（乾麺）— 150g

1　鍋にAを入れて強火にかけ、煮立ったら火を止めて冷ます。

2　そばはたっぷりの熱湯で袋の表示どおりにゆで、流水で締めて水けをきり、器に盛る。

3　**2**に大根おろし、削り節、ねぎをのせ、**1**をかける。

KEY TOOL **#29**

銅のおろし器

職人の手作業で銅板にひと目ずつ刃を立てて作られている、おろし器。プロの愛用者も多い。愛用のものは、受け皿に流れ落ちる構造。

空気を含んでふわっふわ、クリーミーな舌ざわりの、風味豊かなおろしわさびに。

いい本わさびは値段も張り、せっかく買うなら、よさを最大限に引き出して味わいたいなと思うのです。鮫皮のおろし器も持っていて、昔から使われてきたものですし、よいのですが、使い込むうちに劣化してはがれてしまうのが難点。そこで見つけたのが、このわさびおろし。おろし面が広いのですりやすいうえに、少量でも空気がまざって香りも立ち、なめらかでふわふわ。ほかのおろし器にはない、こまやかさと風味を引き出せます。(恵)

KEY TOOL #31

わさびおろし

本わさびを風味よくおろすための道具。昔ながらのものには鮫皮が使われているが、愛用はステンレス製。おろし面は縦13×横11cm。

すりおろし面にはユニークな「わさび」の文字型のおろし目が細かく施されている。

TOOL COLUMN

おろし目の掃除はごく細たわしで

食材が引っかかり、洗いにくいおろし器の目には、京都「内藤商店」の小さな棒たわしを愛用。えんぴつのような細さで、細部に届く。

ふわふわわさびが陰の主役

鯛の梅ごま丼

材料（2人分）と作り方

鯛の刺し身（さく）— 150g→薄いそぎ切り

A
- 梅肉 — 大さじ1
- 金ごま — 大さじ4→いって、すり鉢でする（→p.71、94）
- しょうゆ — 大さじ1
- みりん、酒 — 各大さじ1→小鍋で煮きる
- おろしわさび — 小さじ1

あたたかいごはん — 茶碗2杯分

焼きのり — 1/4枚→細かくもむ

青じそ — 4枚→せん切り

1 **A**はまぜ、鯛を加えてあえる。

2 どんぶりにごはんを盛り、のり、**1**、青じそを順にのせ、好みでおろしわさびを添える。

炊き上がったすしめしを
具材とふわっとまぜられる、
大きさとなめらかな形が魅力。

KEY TOOL **#32**

木の大鉢

側面と底面を組み立てて作るすし桶（飯台）とは違い、天然木をくりぬいて作られている。愛用は直径40㎝ほどのもの。

すしめしは私の場合、すし酢といっしょに炊き込みます。すると、つやつやで米の粒が立ち、酢の風味が全体に回ります。炊きたてを具材とまぜるときに使うのは、ぬくもりのある木の大鉢です。口径が広いので大きくまぜられ、空気をはらんで上品なおいしさに。内側がなだらかで、すし桶のようにすみにごはんがはさまりません。軽く、そのまま食卓へ。せん切りキャベツなど多めの野菜に塩をするなど、食材を広げて作業をしたい場面でも活躍します。㊀恵

側面にしゃもじのへらを沿わせながら、
ごはんを返してまぜるのにちょうどいい深さ。

材料（3〜4人分）と作り方

米 — 360mℓ（2合）
昆布（5×5cm角）— 1枚
A | 酢 — 大さじ4
　砂糖 — 大さじ1
　塩 — 小さじ1/2
牛薄切り肉 — 200g→小さめの一口大に切る
ごぼう — 1本（150g）→ささがきにする
しょうが — 2かけ→細切り
B | しょうゆ、酒、みりん — 各大さじ2
　砂糖 — 大さじ1
　実ざんしょう（あれば）— 大さじ1/2
木の芽 — 少々

1　米は洗い、炊飯器の内釜に水400mℓ、昆布とともに入れ、60分ほど浸水させ、**A**をまぜて普通に炊く。

2　鍋に**B**、しょうがを入れて中火にかけ、煮立ったら牛肉を加えてほぐしながらまぜ、火が通ったらとり出す。

3　**2**の鍋に水200mℓ、ごぼうを加えて再び中火にかけ、汁けがほとんどなくなるまで煮る。牛肉を戻し入れ、全体にからめる。

4　炊き上がったごはんをボウルに移し、**3**を加えてまぜる。器に盛り、木の芽を散らす。

しぐれ煮とすしめしの相性が抜群

牛ごぼうずし

すーっと細く注ぎ入れられて、切れ味のいい注ぎ口が優秀。卵料理には必須の道具です。

卵液を鍋やフライパンに注ぎ入れるとき、普通のボウルでは量のコントロールができず、縁から液がたれてしまう……。そんなストレスは、この片口ボウルがあれば簡単に解消できます。特に素晴らしいのが、注ぎ口。かき玉汁を作ると実力がよくわかります。卵液をすーっと細く注ぎ入れられて、ふわふわのきれいなかき玉に。ピタッと液が切れて、たれることはありません。卵焼きなど卵料理全般に欠かせないアイテムです。(恵)

卵液を均一に細く注ぎ入れられると、
かき玉汁の腕が格段に上がる。

KEY TOOL #33

片口ボウル

小ぶりのボウルに注ぎ口がついていて、
「材料をまぜる」「注ぎ入れる」の２役を
１台でできる。愛用は直径13.5㎝のもの。

材料（2人分）と作り方

A
- とき卵 — 1個分
- だし — 大さじ1
- →まぜ合わせる

だし — 400mℓ

B
- 塩 — 小さじ¼
- しょうゆ — 小さじ½

C
- かたくり粉 — 大さじ½
- だし — 大さじ1
- →まぜ合わせる

おろししょうが — 少々

1 鍋にだし、**B**を入れ、強火にかける。煮立ったらまぜた**C**を加えてまぜ、とろみがついたら**A**を回し入れ、ふんわりと浮いてきたら火を止める。

2 器に盛り、しょうがをのせる。

片口ボウルで卵を割りほぐして、だしをまぜ合わせる作業もこれひとつでこなせる。

しょうがのきいた、ほっとする味わい

かき玉汁

憧れのものはすべて「ウィリアムズ・ソノマ」にあった

コラム 2

大学卒業後すぐに結婚し、3年後に長女を妊娠して一転、料理番組のアシスタントから専業主婦に。景気も悪く、夫の収入も激減。出産して約2年後に、家族で私の実家に転がり込み、極貧の生活が始まりました。

当時の私にできたことは、料理やインテリアなどの洋書を眺めることと、お店にキッチン用品を見に行くこと。当時、日本でも展開していたアメリカのセレクトショップ「ウィリアムズ・ソノマ」は、私の憧れが全部詰まったようなお店でした。

「クイジナート」や「キッチンエイド」など、そのころの日本にはなかったスタイリッシュな家電を扱い、「ル・クルーゼ」の鍋も。店のディスプレイからセンスを学んだりしたものです。「ウィリアムズ・ソノマ」の道具の本をじっくりと読み込み、「買うとしたら何を選ぶか」とひたすら考えるのも好きでした。

だからこそ、まだ実家にいながらお金をはたき、「クリステル」3点セットを憧れの店でやっと手に入れたときには、本当にうれしかった。無駄のない形で、きれいにストンと重なる気持ちよさといったら……。一生大事にしたいと思い、それは今でも変わりません。好きな道具に囲まれて料理をしたい、という思いも募りました。

2年後に次女が誕生すると、夫も私も仕事が増え、実家を出て極貧生活は終了。それから、「ウィリアムズ・ソノマ」で抱いた憧れや夢を少しずつ現実のものとして積み重ねて、今の私になったのだと思います。

「細い絹糸が一本でもあるなら、希望をもって生きていきなさい」。子育て中に、誰かがかけてくれた言葉です。何者でもなかった私が、料理の仕事を好きな道具とともに続けてこられたのは、あきらめなかったから。今、子育てするママたちにエールを送りたいです。

CHAPTER #3

下ごしらえから仕上げまで

調理に必要な頼れる道具

医療用計量スプーン	ステンレス製。1mℓ、0.5mℓ、0.25mℓ、0.1mℓを計量可能。

KEY TOOL

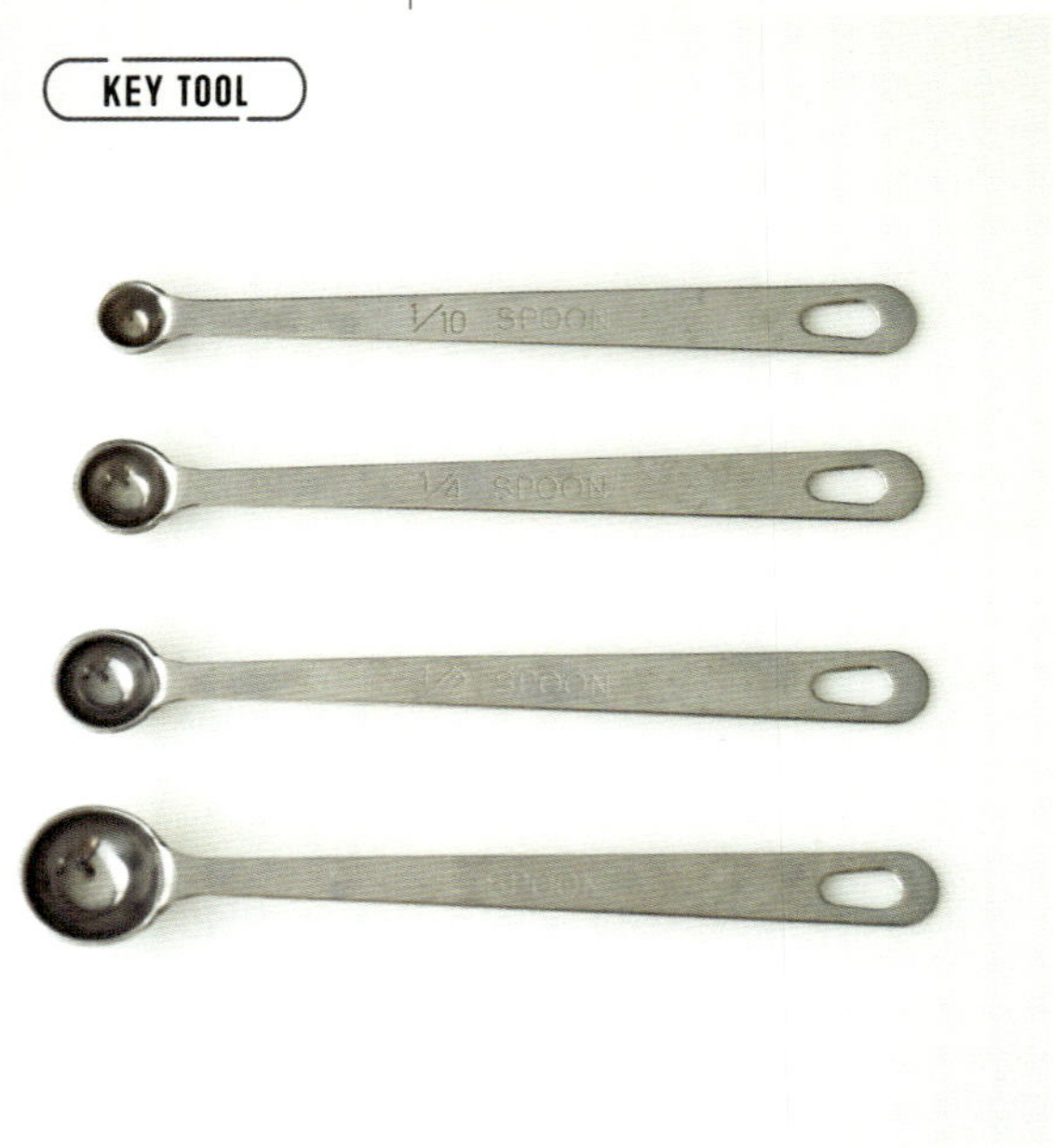

KEY TOOL

計量カップ	目盛りがぐるりと1周ついている（500mℓは100mℓごと、200mℓは50mℓごとに加えて180mℓの目盛りも）。 ＊（写真左下・上のみ）「ヨシカワ」の「クックパル・スマートメジャーカップ」500mℓ

少量まできっちりと計量して〝ちょうどいい塩梅〟を決める

塩分はきっちりとはかりたいもの。きゅうりやかぶ、にんじんなどに塩をするなら、野菜の重量の1％が目安。洗わずに水けをしぼって食べられる、ちょうどいい塩けになります。普段使いは一般的な計量スプーンですが、レシピの分量を決めるときは0.1mℓまではかれる医療用も活用。浅型でだ円形のものは正確に計量しにくいので、深さのある円形のものを選びます。計量カップは、ガラス製などは光が屈折し、見る角度によって目盛り位置がずれるので、ステンレス製一択です。

野菜を水にさらす

KEY TOOL

銅のたらい

直径30×高さ9cmのもの。熱が伝わりやすい銅製なので、水や氷で全体が冷えやすい。
＊「有次」の銅の金たらい 大

2つのたらいには、
それぞれ「恵」の刻印入り。

次世代にも受け継ぎたい、経年変化の美しい、特別な道具

新潟・燕の鎚起《ついき》銅器の老舗「玉川《ぎょくせん》堂《どう》」の工場を見学したときのこと。外の洗い場のシンクに入った銅のたらいの、10円玉のような使い込まれた色合いにハッとしました。道具は育っていくもの。美しく経年変化して、長く使えるいいものがあれば、子どもたちにも引き継げる……。京都の「有次」で、4年越しで見つけて購入。2人の娘たちに授けるために、もうひとつ手に入れました。野菜を水にさらしてパリッとさせたいとき、氷で冷やすときなどに欠かせない道具です。

KEY TOOL

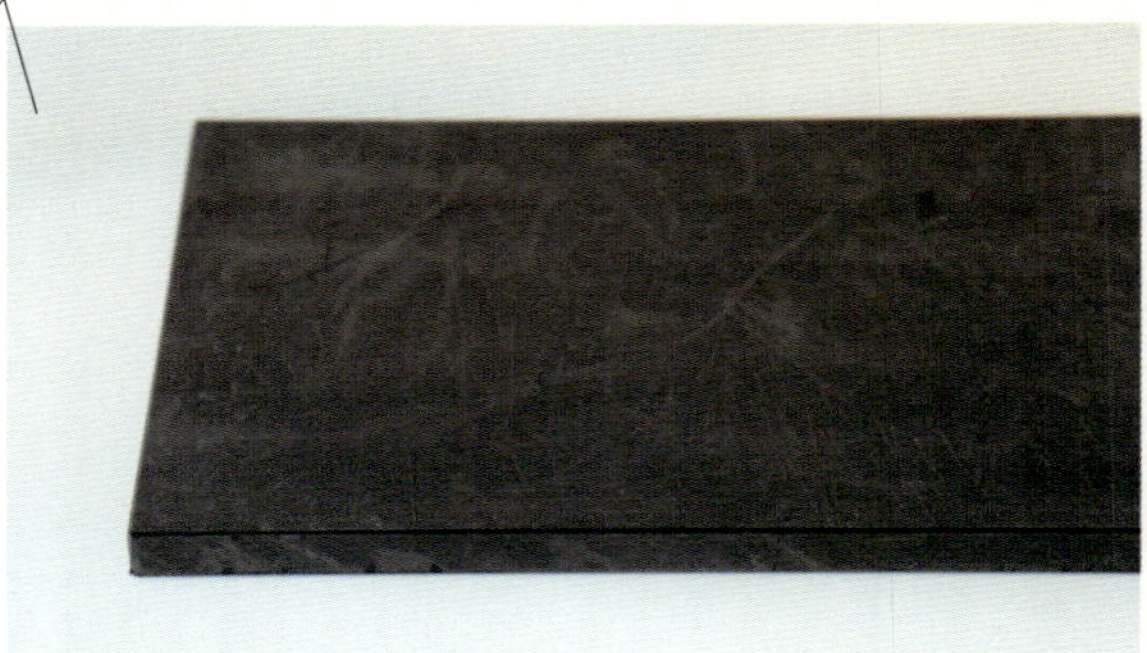

まな板

上右／普段使いは、碁盤や将棋盤の材料「榧（かや）」で作った、丈夫なまな板。
＊「榧工房 かやの森」の「本榧まな板（正方形）」（24×24×3㎝）と「本榧まな板」（中央・22×13.5×0.8㎝、上・23×9×2㎝）

上左／「蓼科ハーバルノート・シンプルズ」で購入。特別な日に。
＊木工作家・川合優さんの「ほおの木のまな板（大）」（25×25×2㎝）

下右／弾力のあるプラスチック製。魚をさばくときにもすべらず、まな板自体もずれにくい。
＊「釜浅商店」の「包丁にやさしいまな板 黒」（40×25×2㎝）

下左／天然木の繊維の合成素材を使用。焼いた肉などをのせても油がしみず、ゴシゴシ洗える。
＊「エピキュリアン」の「カッティングボード ブラック」（S：20.5×15.5×0.6㎝、M：29×22.7×0.6㎝）

※サイズはすべて横×縦×高さ

用途に合わせて さまざまなまな板や 包丁を使い分け

ふたり暮らしになり、普段使いのまな板も変わりました。大きな長方形からコンパクトで軽い正方形に。厚さ2〜3㎝程度のものを選んで、汚れたら電動やすりで夫に削ってもらいます。肉、魚、野菜など食材でまな板を変えるので、小さなサイズも数枚あると便利。他素材の黒いまな板は食材が見やすく、木製とは違う使い方ができるので併用しています。

牛刀包丁

今は肉や魚などを切るときに使用。とがった切っ先を使って、鶏肉の筋をとるなど、細かい作業にも欠かせない。
＊藤井恵 オリジナル牛刀
（全長33cm／販売終了）

包丁を収納するときには、
刃先にワインのコルクを
キャップのようにつけて保護。

ピーラー

抜群の切れ味で、手になじむ形。ステンレス刃タイプはさびにくく、漂白もでき、手入れがしやすい。
＊「リッター」の「ピーラー ステンレス刃」

包丁は、長らく牛刀包丁がメインでした。刃が薄くて切れ味がよく、オールステンレスながら軽いので、スムーズに切れます。まさに、包丁使いの腕を上げてくれた1本。逆に今では、刃の重みでストンストンと切る菜切り包丁（→p.62）のほうがしっくりとくるようになりました。菜切り包丁は、包丁使いにある程度慣れてから使ったほうが、よさがわかると思います。ピーラーは、軽い力で皮をスルスルとむける「リッター」を長年愛用しています。さびにくいステンレス刃タイプを選ぶと、お手入れしやすいですよ。

サラダスピナー

直径23.6cmのガラス製のボウル、スピナーざる、スピナーベース、スピナーふたがついたセット。ほかのボウルやざるも重ねて収納できるので、省スペースにも。

＊「チェリーテラス」の「オールラウンドボウルズ サラダスピナーセット」

ガラスボウル（右上）にスピナーベース（中央）を入れ、
その上にスピナーざる（左上）をのせ、
ふた（下2点）をしてハンドルを回すだけ。
ふたは分解できる。

耐熱ガラス製のボウルと4つの部品に分解できる

プラスチック製のもの、下がステンレス製ボウルでひもを引っぱると回るものなど、サラダスピナーもさまざま試しましたが、これが一番。なんといっても、すべてのパーツを分解でき、すみずみまで洗えて清潔を保てて、気持ちよく使うことができます。肝心な野菜の水きり機能も優秀。あっという間に組み立てと水きりが完了します。下のボウルは耐熱ガラス製で、電子レンジの使用も可能。サラダだけではなく、ほかの下ごしらえにも使えるフレキシブルさもいいですよね。

ゆで野菜の水きり

網じゃくし

有元葉子先生のキッチンウェアブランド「ラバーゼ」のステンレス製のもの。網が固定され、汚れがたまりにくく、丈夫。

＊「ラバーゼ」の「網じゃくし」（幅13㎝、全長37.8㎝）

盆ざる

短い持ち手つき。太いステンレス線で作られ、網目があらく、水ぎれ、油ぎれがいい。

＊「辻和金網」の「万能網 大」（直径24㎝、全長33㎝）

水ぎれが抜群の しゃくしと盆ざるの 名コンビが活躍

ゆでた野菜を引き上げるときは、網じゃくしを使います。しゃくしの面が広く、さやいんげんなど長さのある野菜やごろごろした野菜もしっかりとすくえるのが魅力です。水ぎれも抜群。引き上げたら、ゆで野菜は盆ざるに上げます。この盆ざるのいいところは、網目と形状。網目があらいので水ぎれがもとからいいのですが、浅くカーブになった部分にゆで野菜をのせると、角度がついているので水が自然と落ちやすく、しっかりと水きりできるのです。

軽く水きりしたベビーリーフや
ハーブなどを入れ、ふたをして冷蔵室に。
ステンレス製で冷えやすいので、
葉がすぐにパリッとした状態に。

浅めの角プレートは、
調理中の道具おきとしても便利。

KEY TOOL

角バット1枚が約500g。
2枚ほど重ねてのせると、
豆腐に均一に
ほどよい圧がかかる。

角ざる
角バット
角プレート

アイテムのサイズ感をそろえ、単独ではもちろん、重ねたり、何役もこなせる。

*「ラバーゼ」の「ステンレス角ざる」「ステンレス角バット」「ステンレス角プレート」

水きり具合は豆腐料理の命。便利な道具でじっくりと

この角ざると角バット、角プレートは活用法が豊富。なかでも、豆腐の水きりには欠かせません。角ざるには豆腐が4丁まで入り、下に角バットを重ねると水がきれる設計。さらに角プレートでふたをし、そのまま冷蔵室に省スペースで入れておけるすぐれものです。時短のために重しを使うことも多いのですが、実は重しをせず、自然に水きりするのが一番おいしくなる方法です。そうはいっても少し早めに水きりしたいときは、角バットをのせてみて。豆腐に圧をかけすぎずにすみます。

材料の一時おき

脚の下部が
下のバットの縁に重なり、
スタッキングができる構造。
包んだ餃子をたくさん
一時的に並べることも。

脚つきバット

アルミ製で軽いのも魅力。6サイズあり、
これが一番小さい（幅34.6×奥行き26.6×高さ4.1cm）。
別売りでふたもある。
＊「北陸アルミニウム」の「アレンジバット小40」

KEY TOOL

ほぐしたきのこを広げてスタンバイ。
水分を少しとばしておく。
広めの面だからこそできること。

脚つきだから重ねられて、万能

長野・松本のキッチン用品などの店「マルクト」は、気のきいた道具が並ぶのでよくのぞきます。脚つきバットもそこで見つけて、思わず買ってしまいました。バットなのに、何かを入れたままスタッキングできるなんて！　しかも、万能。調理前にはかっておいた調味料を全部並べて準備したり、皮を包んだ餃子を何十個も並べておいたり、さまざまな使い方ができます。もちろん、収納のときにもすっきりと重ねられるのもいい。重ねた様子も、なぜかかわいいのです。

ごまをいる

いり器

伊賀焼。遠赤外線効果で、食材の香ばしさとうまみをきわ立たせながらいることができる。
＊「トウジキトンヤ」の「焙じ器」

持ち手の部分は空洞で、傾けるといったごまが出てくる仕組み。

香ばしいごまの風味を最大限に引き立たせる

これはもともと、ほうじ茶などの茶葉を焙煎するための道具なのですが、私はごまをいります。陶器なので、金属のフライパンでいるよりも熱の当たりがやわらか。香ばしいごまのにおいがキッチンに流れるまで、弱火に焼き網を重ねて、じっくりといっていきます。これでいったごまは、すり鉢（→p.71）に。すりこ木でていねいにする時間もまた、至福のひとときです。

DAILY USE ITEMS

2種類のふきんを用途で使い分けて

台ぶき用には、蚊帳生地を8枚重ねた「白雪ふきん」(右)。吸水性にすぐれて素早く汚れを落とせる。食器ふき用には、でこぼこしたガラ紡の木綿製「びわこふきん」(左)。吸水性が抜群でやわらかく、乾きが早い。

いつも清潔に漂白を

使ったふきんは、その日のうちに洗ってまとめて漂白し、きれいな白さをキープ。漂白のときには「野田琺瑯」の白いたらいにつけておく。

にんにくをすりつぶす

たたいても飛び散らない韓国の深型すり鉢

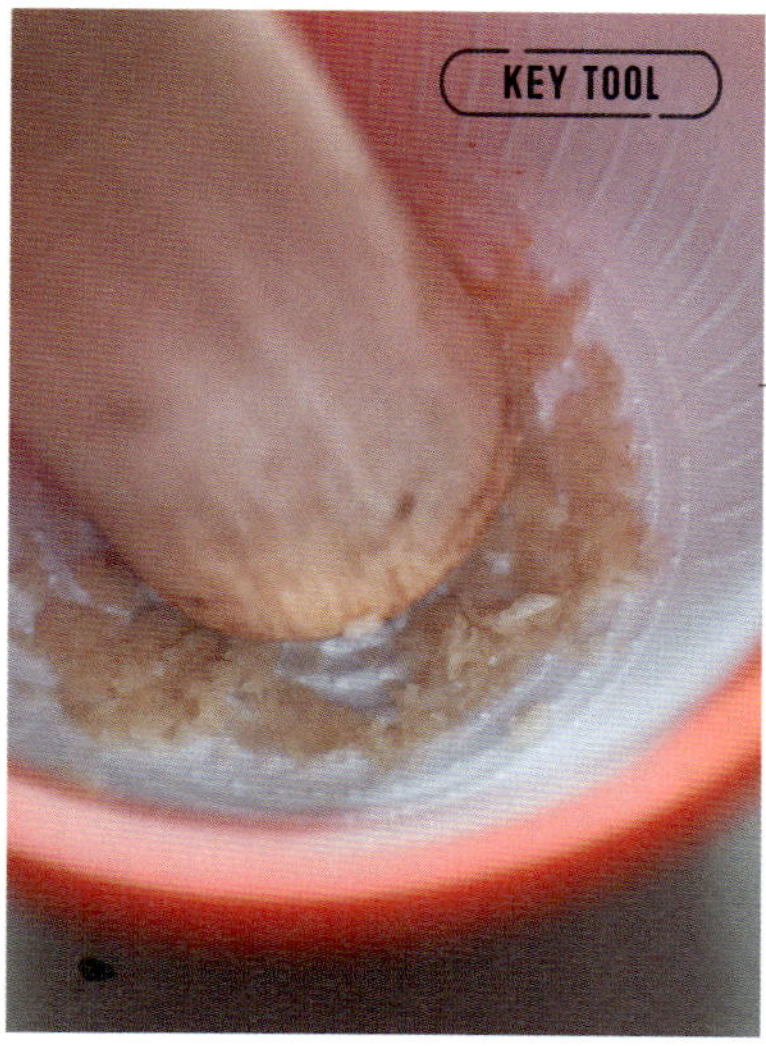

韓国のにんにくすり鉢とすりこ木

にんにくやしょうがをつぶすのにちょうどいい、小ぶりのすり鉢。すりこ木は"する"というより"つぶす"ためにできた形状。

にんにくをここまで細かくすりつぶせる。

韓国料理をよく作るようになって困ったのが、にんにくのすりつぶし。いつものすり鉢では香りがついてしまうし、たたくとポンと飛んでいってしまって（笑）。韓国のこのすり鉢とすりこ木なら、十分な深さがあり、思いっきりにんにくをたたきつぶしても飛び散りません。

すりおろす

かたいものもスマートにすりおろしてトッピング

グレーター

人間工学に基づいたデザイン。樹脂製の持ち手は、握りやすい形状ですべりにくい。
＊「マイクロプレイン」のグレーター
（全長28cm、幅6cm／写真のものは販売終了）

持ち手つきの形状と広めの面で、食卓でおのおの好みの分量にすりおろしたい場面で、スマートにできるのもうれしい。

さっとすりおろして料理にかけたいときなどに、このおろし金は便利。刃がついた面が広く、つかみやすい持ち手がついていて、すりおろしやすいです。切れ味が抜群で、ゆずやレモンなど柑橘類の皮やパルメザンチーズもシュルシュルと細く削ることができます。

まぜる・こねる

ガラス製ボウル

フランス製。23.5×13cm、21×11.5cm、18×10cm、15×8cm、12×6.5cm（すべて内径×高さ）の5サイズを使い分ける。（販売終了）

KEY TOOL

あえ物などにするときは、食材の分量よりも大きめのボウルを選んで。大きく、空気をはらませながらまぜるとおいしさアップ。

DAILY USE ITEMS

泡立ちと水ぎれのいいスポンジを愛用

食器洗い用のスポンジは、「パックスナチュロン」の「キッチンスポンジ ナチュラル」を。目があらい構造で泡立ちや水のきれがよく、ついたごみもとりやすいので気に入っています。

深型のガラス製ボウルが30年来の料理の相棒

30年以上前に初めて手に入れたガラスボウルは、いまだに現役。だいぶ前に、料理研究家の栗原はるみ先生が使われているのを見て、ひかれたものです。一般的なボウルよりも深さがしっかりとあり、口が広がりすぎず、シュッとした形をしています。この形状が、食材をまぜたり、肉だねをこねたりしやすくて、とにかく絶妙なのです。同じ形をもう見つけることができないのが、残念でたまりません。

まぜる・こそげる

使わない日はないほど便利な小さなスコップ型

あまりにも便利で買い足し、今や30本はある、ミニスパチュラ。適度なしなりで、ちょっとした調理に欠かせません。特にスコップ型は、まぜたり、いため合わせたり、卵液を無駄なくぬぐってこそげとったり、オムレツなどを焼きながらまわりの卵をしっかり中央に寄せたいときなど、大活躍。今ではカラフルな色みが主流ですが、昔あった黒や白、グレーのほうが好みで、大切に使っています。

KEY TOOL

ミニスパチュラ2種

主に使うのは、スコップ型のスパチュラ（写真右）。耐熱性のあるシリコーン製で、持ち手は木製。

＊「ウィリアムズ・ソノマ」の「ミニ シリコーン ウッド スパチュラズ」（全長約20cm／日本未発売）

くぼみがあるので、まぜたものをすくって移動させることもできる。

DAILY USE ITEMS

すぐれたたわしを暮らしの中に

しゅろのたわしやほうきは、しなやかで当たりがやわらか。ものを傷つけません。たわし（右）は野菜の泥を落とすときに。小ぼうき（左）は卓上の掃除に、くたびれたらサッシの掃除用に。いずれも、京都の「内藤商店」のものを愛用しています。

こしょうをひく

KEY TOOL

ペッパーミル

硬質なカーボンスチール刃で粒をつぶさずにカットすることができ、豊かな香りも楽しめる。
＊「コール＆メイソン」の「グルメプレシジョン ダーウェント ペッパーミル」（高さ19㎝）

TOOL COLUMN

韓国のつぼに塩をスタンバイ

塩は、韓国の「ハンアリ」に入れています。ハングルで「つぼ」という意味で、大きなハンアリにみそやコチュジャン、しょうゆなどを入れて熟成させながら保存するのが伝統的な使い方だそう。塩もこれで熟成させるのが流行しているそうです。私は、すぐに使いきる分だけ入れておきたいので、小さなハンアリ（左）へ。手におさまるサイズ感もかわいいです。

6段階にあらさを調整。空回りがなくて優秀

ペッパーミルもいろいろ使ってきましたが、これはとても機能的。ダイヤルを回すだけで、手動であらびきから細びきまで、あらさを6段階にひき分けられて快適です。しかも驚くことに、ペッパーミルを回すときにありがちな空回りも、これならありません。ひと回し目から、ガリガリと力強くひけるのがすごいです。シンプルなデザインで、食卓に置いてもすっきりします。

アクをとる

KEY TOOL

アクとり	ステンレス製。本来の製品には持ち手の穴に革ひもがつき、つり下げて収納も可能。 ＊「工房アイザワ」の「パセリ アクトリ」

DAILY USE ITEMS

ピカピカの鍋の秘密は不織布たわし

鍋は長く愛用するために、焦げがついたら「スコッチ・ブライト」の大型サイズの不織布たわしで磨いて、常にピカピカの状態をキープ。大判なので、自分で好きな大きさにカットして使っています。

細かいメッシュの網で
アクを的確にキャッチ

アクをせっかくとったのに網目から逃してしまったり、逆にとらなくてもいい汁の部分までとってしまったり……。このアクとりが優秀なのは、網のメッシュがかなり細かいということ。しっかりとアクだけをキャッチして、逃しません。全長25cm、幅8cmと、やや小ぶりで小回りもききます。ちなみに、アクには食材独特の風味や栄養素も含まれているので、とりすぎに注意しましょう。

だしをとる

昆布や削り節はたっぷりと。
昆布は香りの高い利尻産、
花がつおは枕崎産の
血合い入りのものと決めている。

KEY TOOL

「クリステル」の鍋

p.43と同じ鍋。
だしをとるときにも同じく、
使い勝手のいい
直径22cmを使用。
＊「クリステル」の
「グラフィット」深鍋

持ちやすい重さの鍋なら だし3ℓを こすのも軽やかに

ほぼ毎朝、昆布と花がつおでだしをとるのが習慣です。3ℓの水に5cm角の昆布を6枚ひたして、ゆっくりと2〜3時間とろ火で煮ます。昆布をとり出して花がつお80gを加え、再び火にかけて煮立ったら火を止め、少しおいてからこします。この一連の作業を行うのは、長年の相棒「クリステル」の大きめの鍋。たっぷりのだしを受け止められる容量と、こすときに持ち上げられる軽さを兼ね備えているから。こすときには、ボウル(→p.96)に盆ざる(→p.91)、さらにさらしを重ねるとやりやすいです。

いためる

うまみをこそげとり、いためる技を この一本で

KEY TOOL

木べら

へらの幅が狭く、左右対称の形。利き手にかかわらず使いやすく、小回りがきく。
＊「陶片木」の「平らなへら」（全長30cm、へら幅4×縦5cm）

KEY TOOL

あめ色の玉ねぎやミートソースなど、いためている途中に鍋底にこびりつくうまみをこそげとり、食材にからめて戻す。こうするとおいしさが増すのですが、平らで幅が狭いこのへらが大活躍。うまく力が入り、鍋底をしっかりと、傷つけずにこそげとることができます。ゴムべらではしなってしまい、うまくいきません。

鶏肉の皮目が パリッと焼ける、魔法の道具

パリッと焼く

KEY TOOL

ベーコンプレス以外の使いみちも。
穴つきの面を上に、
持ち手の部分を下にすると、
蒸し台や鍋敷きとしても使うことができる。

ベーコンプレス

油汚れもするりと落ちる、フッ素樹脂加工を施したステンレス鋼製。
＊藤井恵 オリジナルベーコンプレス（19.5×18.5cm／販売終了）

皮目をパリッと焼いた鶏肉は、それだけでごちそうです。そのためには、重しをして皮をまっすぐにする必要が。「マリネチキン&野菜のグリル」（→p.20）でも使ったのが、ベーコンプレス。皮をカリッと、均一に焼けます。このベーコンプレスは約450g。重すぎず、軽すぎない、ちょうどいい重量です。

KEY TOOL

ぽってりした形で、手で持つ部分が太め。食材への当たりのやさしい木製。東京・富ヶ谷の「黄魚」で購入。

竹製。あえてこの細さに作ってもらった。大分・別府の「竹工芸 山正（ちくこうげい やましょう）」で購入。

木の太い菜箸
木の細い菜箸

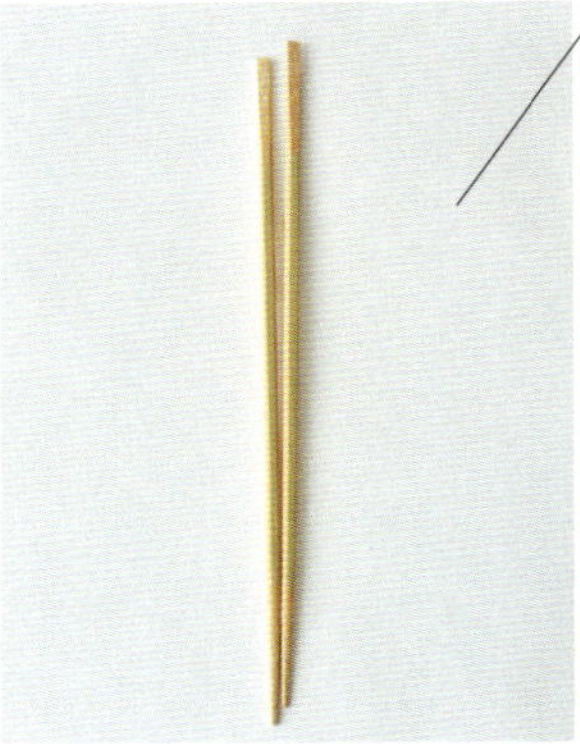

太さの異なる2種の菜箸を使い分け

主に使っている菜箸は、一般的なものよりも太めです。つまみにくそうに思われるかもしれませんが、慣れると細いものより断然、使いやすいのです。細いとつまむときに箸先がずれて力が入ることがありますが、太いとやさしい力で食材をそっとつまめます。特にいなりずし（→p.50）の油揚げは破れないように、箸を返して一番太い部分で持ちます。ただし、卵をはがして巻く卵焼きなど、箸先の繊細さが必要な調理には細い菜箸の出番。2種を使い分けています。

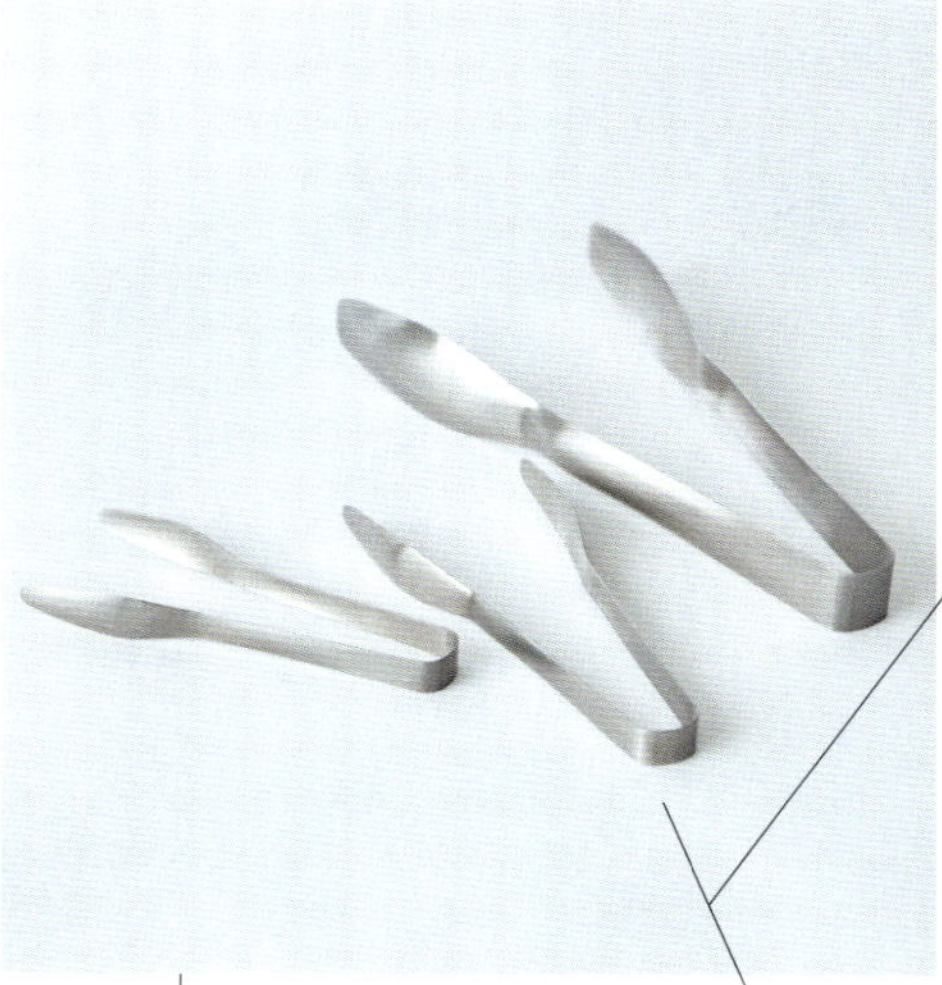

KEY TOOL

トング

かたいステンレスのバネ材を薄くのばして作られており、全体が軽く、力いらずでつかめる。

＊「コンテ」の「おてがる料理トング 220」（全長22cm［右］）
「おてがる薬味トング 150」（全長15cm［中央］）
「おてがる薬味トング 130」（全長13cm［左］）

TOOL COLUMN

たためるトングも！

器のものをとり分けるときは、傷つかないように木のトングを。なかでもおもしろいのが、反対側に返して板のようにたためるタイプ。収納しやすくて、いいアイディアだと思います。

今までの“トング観”が変わる軽い力でつかめる心地よさ

トングもたくさん持っていますが、今までにない快適さを実感しているのが、これです。全体が軽く、ほどよいバネで、力を入れずに自然と開閉でき、扱いが驚くほどラク。細長いトングの先で、鶏肉のように分厚いものから、きのこのように細かいものまでしっかりとつかめて調理もはかどります。小さい薬味用のトングもあり、食卓で薬味やサラダなど、ちょっとしたものをとり分けるときにとても便利です。一体成形で継ぎ目がなく、洗いやすいのも助かります。

盛りつけ箸

熟年の職人の手で削られ、作られる、しなやかな竹製。特徴的な手元部分は、へらのように使うことも。
＊「市原平兵衛商店」の「京風もりつけ箸」（中・全長28cm）

盛りつけスプーン

大きなさじの面の3分の2が平らにできていて、食材をすくいやすい。アクとりにも使用している。
＊藤井恵 オリジナルキッチンスプーン（幅6×スプーン長さ10×全長21.5cm／販売終了）

盛りつけの腕が上がる専用の箸とスプーン

盛りつけは、料理のおいしさを引き出すために大切な作業です。特にサラダやあえものは美しく盛りたいので、この盛りつけ箸の力が必要。先端が細くて繊細な作業にも向きますが、長さや重さ、細さのバランスが絶妙で、安定感があります。使い込んでも反りや曲がりもなく、丈夫なのも頼もしい限り。盛りつけ用のスプーンもあると便利です。これは、レストランでパンくずをとる道具からヒントを得たもの。縁が薄く、さじの一部が平らで、抜群にすくいやすいです。

旅は新たな道具との出合いのチャンス

MY TOOL HISTORY

コラム3

国内外を問わず、旅が大好きです。旅先にあれば、必ず地元の市場をのぞいて道具を探します。特に、かごやざるには目がありません。九州や福島、長野にはいい竹細工屋さんがあり、行くと必ず店を訪ねます。通ううちに、店のかたに少しずつ話を聞くことができ、竹の編み方は用途によって違うことなども知ることができました。

海外の場合も、必ず事前に市場やキッチン用品店をチェック。韓国の場合、現地にいる娘夫婦が、何も言わなくても情報を仕入れておいてくれて、いい道具店に連れていってくれるので心強いです。さらに、屋台などで、現地の人が知らない道具を使っているのを見かけると、「自分も！」といても立ってもいられなくなります。すぐに地元のスーパーに。アメリカで見つけたモヒート用の木のペストル（ミントをつぶす棒）のようにその後活躍するものもあれば、ベトナムで見つけた大根を波型に切るカッターやフォーの水きりざるなど、正直、何度か使ってお蔵入りのものも……。ただただ使ってみたかったのだから、仕方がないか（笑）。

そうして手に入れた道具は、大きくても重くても、国内でも海外でも、そのまま自分の手で持ち帰って、一刻でも早く家で使ってみたくなります。だからいつも、大きなリュックは必需品。直径40cm弱の陶器の大鉢も、あまりの安さとキムチを仕込むときなどに活躍しそうな大きさにひと目ぼれして、島根・石見銀山からえっちらおっちら背負って連れ帰ってきたものです。

まだまだ今後も、見たこともないような道具との旅先での出合いを楽しみにしている自分がいます。本当はもうそろそろ、道具の数を厳選しなくてはと思ってはいるのですが……。

日々働く、和の美しいかご&ざる

MY TOOL HISTORY

コラム4

無類のかご&ざる好きなのは、すでにお伝えしたとおり(→p.105)。さまざまな材質をひと通り試してきましたが、竹のものに一番ひかれます。「やさしい料理をしたい」という今の気持ちにも、竹の質感がぴたりと合うのです。また、ここ10年ほどで、自分の暮らしに和食や和の道具がしっくりとくるようになり、日本の伝統工芸を大事にしていきたいという思いも自然と高まってきています。

ほかの道具と同じように、かごやざるも飾るのではなく、日常の中で使ってこそ美しいもの。私のキッチンでは日々、さまざまなかごやざるがそれぞれの役割を担って働いてくれています。いくつかお見せしましょう。

洗った調理道具やカトラリーは一度ふき、直径40cmちょっとある九州の丈夫なかごで乾かします。カトラリーは欠けると困るので、道具とは別にして、より安定性のある底が平らなかごに分けるのが習慣になりました。分けておけば、片づけもさっとすませられます。

繊細な器やガラスを乾かすときは重ねたくないので、こちらも一度水けをふいてから、大きい辺が50cm弱ある四角いざるに広げます。縁が繊細なものは上向きに、茶わんやぐい飲みなどは下向きに。これも小さなこだわり。この大きなざるは、竹製品

の名産地でもある大分・別府にある「竹工芸　山正」さんで買い求めたものです。

一方、丈夫な食器やグラスなどは、洗ったらそのまま竹の水きりかごに置きます。あらい六つ目編みで上げ底にしているので、水ぎれがよく、湿気がこもらないつくりです。下にふきんを敷いて使います。竹の水きりかごを使えるようになったのは、娘たちが成人してからのこと。こんな日がくるなんて、子育てや仕事に日々追われていた、あのころの私に教えてあげたいくらいです。

仕事で来客も多いので、お茶道具はすぐ手をのばせるカウンター上に。

大分・由布の美しい里山で暮らしながらものづくりをされている、竹職人の武田優希さんの「せいりかご」にしまっています。共縁と呼ばれる編み方の縁やぽってりとした形が美しく、訪ねてくる人たちにもよく興味をもっていただくかごです。

CHAPTER #1-2

KEY TOOL LIST《リスト》

※道具はすべて藤井恵さんの私物です。
各道具の情報は、2024年7月時点のものです。
サイズや重さなどはすべて編集部調べです。

p.15

KEY TOOL #1

フッ素樹脂加工の フライパンとガラスぶた

外側はステンレス、内側はアルミニウムの2層構造。ガス火からIHまで対応。軽さも魅力。

*ウルシヤマ金属工業
「IHルミエール フライパン 28cm」(重さ960g)
「ウルシヤマ ガラス蓋 28cm」

p.17

KEY TOOL #2

浅めの鉄鍋

南部鉄器の表面には細かい凹凸があり、使うごとに油がなじんで、焦げつきを防ぐ働きが。IHにも対応。

*釜浅商店
「南部浅鍋 22cm」(重さ1170g)

p.20

KEY TOOL #3

グリルパン

鶏肉2枚を並べても余裕のある大きさが魅力のひとつ。オレンジ色のものも所有。

*ル・クルーゼのグリルパン
(25cm角、重さ2850g/販売終了)

p.22

KEY TOOL #4

卵焼き器

「KEY TOOL #1」のフライパンと同じシリーズ。

*ウルシヤマ金属工業
「IHルミエール 玉子焼 19×14cm」
(重さ600g)

p.24

KEY TOOL #5

脚つき焼き網

脚のついた正方形の焼き網に、目の細かい「焼網受」が付属。どちらもステンレス製。

*辻和金網
「足付焼網 (セット)」(縦22.5×横22.5×高さ7cm、[焼網受] 縦19×横22.5cm)

p.27

KEY TOOL #6

ターナー

コンパクトなへらの先は丸い形状。角がないほうが、食材の下にすっと入りやすい。

*藤井恵 オリジナルターナー
(全長24cm、へら縦8.5×横6cm/販売終了)

p.28

KEY TOOL #7

小さな鋳物ほうろう鍋

実力は大きな鋳物ほうろう鍋と同様。1人分ずつオーブンであたため直しや調理ができる。

*ストウブ
「ピコ・ココット ラウンド 10cm」
（容量250mℓ、重さ760g）

p.30

KEY TOOL #8

浅めの鋳物ほうろう鍋

すき焼きや鍋物などにも使用しやすい、深さ6cmの鍋。内側が黒いので、汚れが目立ちにくい。

*ル・クルーゼ
「シグニチャー ココット・ジャポネーズ 18cm」
（重さ2.4kg）

p.34

KEY TOOL #9

チャーハンべら

もとはサラダサーバー。横広のへらに少しカーブが施され、それがチャーハンの調理にうってつけ。

*木のサラダサーバーの片方のへら
（全長29cm、へら縦6×横9cm／販売なし）

p.36

KEY TOOL #10

韓国の鉄鍋

現地では、サイズも形状も豊富にそろう。深さが少しあると、調味液を受け止めやすく、いためやすい。

*韓国で買った鉄鍋
（直径26［内寸］×高さ3.2cm、重さ1745g）

p.39

KEY TOOL #11

耐熱の器

温度差に強く、油調理にも耐えられる。縁が少しある形状のおかげで持ちやすい。

*陶芸家・島るり子さんの「耐熱の器」
（直径27［内寸23］×高さ5.3cm、重さ1245g）

p.42

KEY TOOL #12

鋳物ほうろう鍋

「ル・クルーゼ」の定番モデル。ガス火からIH、オーブンまで対応。

*ル・クルーゼ
「シグニチャー ココット・ロンド 20cm」（重さ3.1kg）

p.43

KEY TOOL #13

ステンレス鍋

入れ子に重ねてコンパクトに収納できる。オーブン調理も可能。

*クリステル
「グラフィット深鍋」
（使用したのは22cm、重さ1650g）

p.46

KEY TOOL #14

ミキサー

まぜる、つぶすだけでなく、食材の種や皮もなめらかに粉砕できるパワフルさをもつ。

*バイタミックスのミキサー
（写真のものは販売終了、コンテナ［容器］は別売りのものを使用）

p.49

KEY TOOL #15

米とぎざる

自生しているすず竹で作る、細かい目やしなやかな曲線のすず竹細工は、山梨の伝統工芸。

*山梨県産のすず竹の米とぎざる
（直径23×高さ11.5cm）

p.49 KEY TOOL #16

ごはん土鍋

質のいい土と遠赤外線効果の高い釉薬を使用し、芯までふっくらと炊くことができる、有田焼のもの。

*2合炊きのごはん土鍋
(直径18.5×高さ17cm、重さ2kg／販売終了)

p.49 KEY TOOL #17

木製のぬか床容器

天然杉の調湿作用で、ぬか床の水抜きがラクに。部屋置きでもなじむ、シンプルな箱型。

*いなかず商店
「SUGIDOCO」(幅26.5×奥行き17×高さ11cm)

p.50 KEY TOOL #18

雪平鍋と落としぶた

雪平鍋は、アルミをはさんだステンレス製。持ち手はチーク材。IHにも対応。落としぶたは別メーカーのもの。

*ambai「雪平 20cm」(重さ645g)
*さわら材の落としぶた(直径18cm)

p.52 KEY TOOL #19

銅の段つき鍋

熟練した職人の手仕事による美しいつくり。木のふたは段に引っかかるサイズを選んで。

*有次「銅 段付鍋」(内径24×高さ12cm、重さ1335g)
有次「木蓋 24cm」

p.54 KEY TOOL #20

無水鍋

フッ素樹脂加工のアルミニウム厚手鋳物鍋。無水調理に加え、煮る、ゆでる、蒸す、焼く、揚げる、いためる、炊くの8調理が可能。

*HALムスイ「HAL万能無水鍋23」(内径23cm、重さ1380g)、「HAL万能無水鍋26」(内径26cm、重さ1580g)

p.58 KEY TOOL #21

シリコーンはけ

シリコーン製の毛はコシがあってよくしなり、アクとりにも使える。柄は木製。

*ル・クルーゼ
「シリコン ツール パストリー・ブラシ」
(全長17.3×幅3cm)

p.62 KEY TOOL #22

菜切り包丁

鎚目が打たれた、ステンレス刃物鋼の包丁。丸みを帯びた柄で持ちやすい。

*釜浅商店
「菜切」(全長29cm／写真の型は販売終了)

p.63 KEY TOOL #23

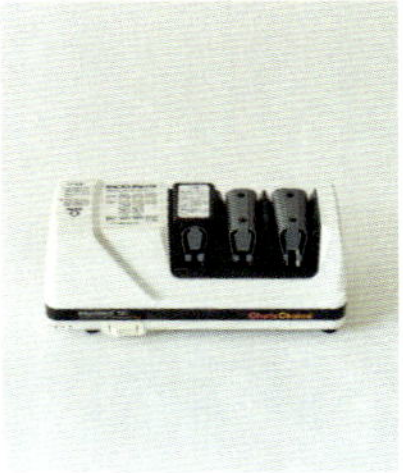

包丁研ぎ器

研磨材は、荒研ぎ、中研ぎにはダイヤモンド、仕上げ研ぎには酸化アルミニウムポリマーを使用。波刃にも対応。和包丁には使用不可。

*シェフスチョイス
「電動式包丁研ぎ器 120N」

p.64 KEY TOOL #24

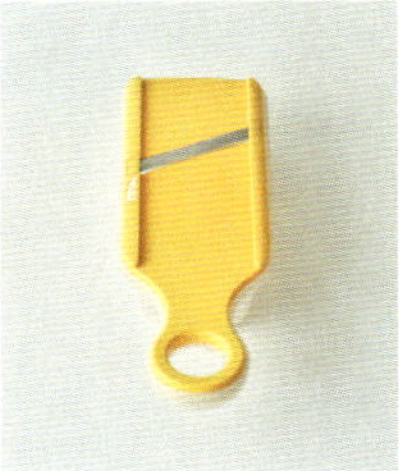

スライサー

ステンレス鋼刃。専用の受け器の上にのせて使用。「千六本」(→p.64)も同シリーズ。

*愛工業「野菜調理器Qシリーズ 薄切り」
(全長25×幅8.4cm)
*愛工業「野菜調理器Qシリーズ 受け器」

p.69

KEY TOOL #27

ソースがけ用スプーン

ソースをかけやすい、先細の形状の調理用スプーン。シェフの味見用などにも使われる。

*藤井恵 オリジナルソーススプーン
（全長19×幅7.5cm／販売終了）

p.68

KEY TOOL #26

レモンしぼり器

リモンチェッロなど、レモンをよく使うイタリアの製品。天然のチェリーウッドを使用。

*木製のレモンスクイーザー
（全長14cm／販売終了）

p.66

KEY TOOL #25

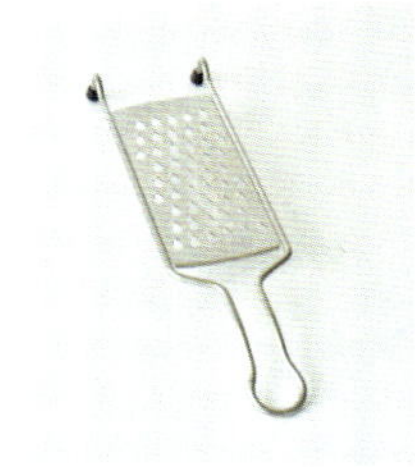

グレーター

先端部分をボウルなどに引っかけ、安定させてすりおろすこともできる。

*レズレーのグレーター
（全長40×幅11cm／販売終了）

p.76

KEY TOOL #30

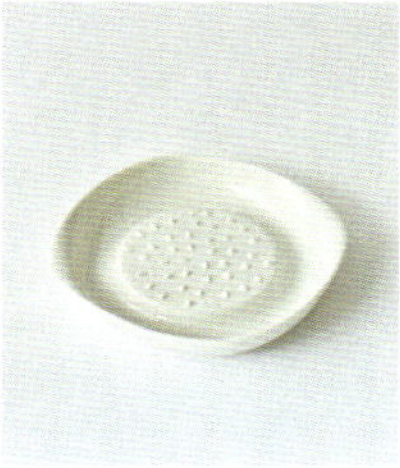

鬼おろし器

おろすというより「刻む」感覚のおろし器。底面がシリコーンつきですべりにくい。

*ジャパンポーレックス
「ポーレックス サラダとジュースの鬼おろし」
（幅19.8×奥行き18×高さ3.2cm）

p.76

KEY TOOL #29

銅のおろし器

目が細かく、鋭い銅刃で、繊維と水分を分離させずにすりおろせる。受け器だけでボウルとしても使える。

*新光金属
「銅製手打ちおろし器 大」（直径16.2×高さ8.2cm）

p.71

KEY TOOL #28

すり鉢とすりこ木

すり鉢は少し巻いている縁に手をかけやすく、持ちやすい構造。島根・石見銀山の「郡言堂」で購入。

*石見焼のすり鉢（直径25×高さ10.5cm）
*桐のすりこ木（全長27cm、太さ4cm）

p.82

KEY TOOL #33

片口ボウル

18-8ステンレス製の片口ボウル。100～500mℓまで100mℓ単位についた目盛りも便利。

*カンダ
「KD 18-8片口 小（目盛付）（700cc）」
（直径13.5×高さ7.5cm）

p.79

KEY TOOL #32

木の大鉢

木の表面が塗装されており、油などがしみ込む心配がなく、食材がくっつきにくい。

*アトリエとき
大鉢（直径40×高さ10.7cm／販売終了）

p.77

KEY TOOL #31

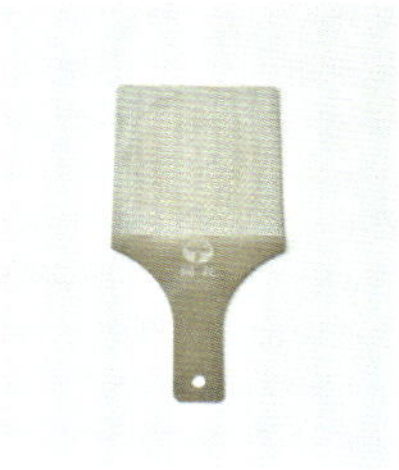

わさびおろし

わさびやわさび食品の販売などを手がける会社が、本わさびをおいしくすりおろすために開発。

*山本食品「本わさび専用おろし板
鋼鮫プロ」（全長26×幅11cm）

藤井 恵

料理研究家・管理栄養士。女子栄養大学栄養学部卒業。在学中からテレビ番組のアシスタントを務める。出産を機に専業主婦になるが、2人の娘の子育て経験を生かした料理提案が評判となり、料理研究家としての道を歩み始める。日々のごはんのおかずからお菓子、おつまみまで幅広く手がけ、そのおいしさと作りやすさ、センスのよさには定評がある。健康や栄養に関する知識を生かした体にいい料理のレシピの提案も好評。「藤井恵 繰り返し作りたい定番料理」「藤井恵 おいしいレシピができたから」（ともに主婦の友社）、「藤井弁当」（学研プラス）、「からだ整えおにぎりとみそ汁」「もっと からだ整えおにぎりとみそ汁」（ともに主婦と生活社）、「THE 藤井定食」（ワン・パブリッシング）など著書多数。

アートディレクション　天野美保子
撮影　宮濱裕美子
編集　秋山香織
ＤＴＰ制作　伊大知桂子（主婦の友社）
編集担当　宮川知子（主婦の友社）

藤井《ふじい》 恵《めぐみ》
選《よ》りすぐり道具《どうぐ》とレシピ

２０２４年10月31日　第１刷発行

著　者　藤井《ふじい》 恵《めぐみ》
発行者　大宮敏靖
発行所　株式会社主婦の友社
〒１４１-００２１　東京都品川区上大崎３-１-１　目黒セントラルスクエア
電話　０３-５２８０-７５３７（内容・不良品等のお問い合わせ）
０４９-２５９-１２３６（販売）
印刷所　株式会社広済堂ネクスト
製本所　株式会社若林製本工場

ISBN978-4-07-459916-5

■本のご注文は、お近くの書店または主婦の友社コールセンター（電話 0120-916-892）まで。
＊お問い合わせ受付時間 月～金（祝日を除く）10：00～16：00
＊個人のお客さまからのよくある質問をご案内しております。